Doreen Virtue

Erzengel Michael

Heiler, Helfer und Beschützer

Aus dem Amerikanischen
von Angelika Hansen

Ullstein

Besuchen Sie uns im Internet:
www.ullstein-taschenbuch.de

Allegria im Ullstein Taschenbuch
Herausgegeben von Michael Görden

Aus dem Amerikanischen übersetzt von Angelika Hansen
Titel der Originalausgabe
THE MIRACLES OF ARCHANGEL MICHAEL
Erschienen bei Hay House, Inc., Carlsbad, USA

Dieses Taschenbuch wurde auf FSC-zertifiziertem Papier gedruckt.
FSC (Forest Stewardship Council) ist eine nichtstaatliche, gemeinnützige
Organisation, die sich für eine ökologische und sozialverantwortliche
Nutzung der Wälder unserer Erde einsetzt.

Ullstein Taschenbuch ist ein Verlag der Ullstein Buchverlage GmbH
Neuausgabe im Ullstein Taschenbuch
1. Auflage November 2010
© der deutschsprachigen Ausgabe 2009 by Ullstein Buchverlage GmbH, Berlin
© der Originalausgabe 2008 by Doreen Virtue
Umschlaggestaltung: FranklDesign, München
Titelabbildung: Marius Michael-George/www.MariusFineArt.com
Gesetzt aus der Goudy Old Style
Satz: Keller & Keller GbR
Papier: Pamo Super von Arctic Paper Mochenwangen GmbH
Druck und Bindearbeiten: GGP Media GmbH, Pößneck
Printed in Germany
ISBN 978-3-548-74510-7

Für Erzengel Michael,
in unendlicher Dankbarkeit

Inhalt

Dies ist ein überkonfessionelles Buch über den Erzengel namens Michael, ein machtvolles himmlisches Wesen, das beschützt, führt, Dinge repariert und Heilung gibt. Aus seiner nichtphysischen Dimension interagiert Michael mit der physischen Welt und wirkt auf sie ein. Wie Sie in diesem Buch lesen werden, erscheint er zuweilen sogar als dreidimensionales Wesen.

Erzengel Michael ist Gottes rechte Hand in dem Bemühen, Frieden auf die Erde zu bringen, indem er Angst und Stress beseitigt. Michaels genialen und erfinderischen Methoden sind keine Grenzen gesetzt, ebenso wenig seiner Fähigkeit, gleichzeitig bei vielen Menschen zu sein. Da er grenzenlos ist, ist er immer verfügbar – und zieht es sogar vor –, Ihnen und jedem anderen in jedweder Situation zu helfen, die Frieden gefährdet.

Die Bezeichnung *Erzengel* ist auf den griechischen Begriff »Gottes mächtigster Botschafter« zurückzuführen. Im Hebräischen und Babylonischen bedeutet sein Name so viel wie »Er, der wie Gott ist«. Also bedeutet Erzengel Michael »der mächtigste Botschafter, der wie Gott ist«. Mit anderen Worten, Michael bringt ungefilterte Botschaften der Liebe, Weisheit und Macht direkt von unserem Schöpfer.

Michael ist der einzige Engel in der Bibel, dem der Titel »Erzengel« gegeben wurde; darüber hinaus wird er dort auch als »einer der Hauptprinzen« bezeichnet. Das Buch Daniel und die Offenbarung beschreiben, wie Michael in Zeiten der Bedrängnis Schutz bietet.

Zahllose Legenden, vor allem in den christlichen, jüdischen, islamischen und keltischen Traditionen, sprechen über Erzengel Michaels berühmte Stärke und Weisheit. Dennoch ist dieser Erzengel nicht nur auf den Seiten heiliger Texte zu finden. Er ist auch heute sehr lebendig und mitten unter uns. Tatsächlich stehen die Chancen gut, dass er *Ihnen* bereits geholfen hat, besonders wenn Sie ihn darum gebeten haben. Vielleicht hat er Sie sogar zu diesem Buch geführt.

Bevor wir weitergehen, möchte ich jedoch noch einige Punkte klären:

1. Michael möchte nicht angebetet werden

Er überlässt allen Ruhm Gott und möchte nicht, dass man zu ihm betet. Er ist Fürsprecher und Vermittler zwischen dem Schöpfer und der Schöpfung (das sind wir). Daher rufen wir ihn an, ohne zu ihm zu beten – ein subtiler, aber wichtiger Unterschied.

2. Michael ist grenzenlos

Er ist in der Lage, gleichzeitig bei jedem Menschen und dessen einzigartiger und individueller Erfahrung zu sein. Daher müssen Sie nie Angst haben, dass Sie ihn mit Ihren sogenannten »kleinen Bitten« belästigen. Michael möchte den Menschen, immer einer Person, helfen, Frieden auf der Welt zu stiften. Daher möchte er Sie bei allem unterstützen, was *Ihnen* Frieden bringt.

Obwohl Michael mit bestimmten Religionen assoziiert wird, hilft er in Wahrheit allen Menschen, unabhängig von ihrem Glauben. Er liebt alle Menschen bedingungslos, genau wie Gott es tut. Doch wenn er auch noch so machtvoll ist, darf Michael sich nur dann in Ihr Leben einschalten, wenn Sie ihm die Erlaubnis dazu geben, da er Ihren freien Willen nicht untergraben kann. Daher muss er warten, bis Sie ihn um Hilfe bitten, bevor er sie Ihnen anbieten kann.

Das Schreiben dieses Buches hat mich dazu gebracht, mich regelmäßig an Erzengel Michael zu wenden. Ich bewundere die Menschen, deren Geschichten hier wiedergegeben sind, denn sie alle hatten die Geistesgegenwart, in Zeiten der Not Michael um Hilfe zu bitten. Es ist so einfach, in schwierigen Situationen zu toben und zu fluchen! Wesentlich produktiver ist es, einfach nur auszurufen: »Erzengel Michael!«

Gott und die Engel, einschließlich Michael, reagieren auf jeden Hilferuf. Daher können Sie mit lauter Stimme, innerlich, durch Schreiben oder Singen um Unterstützung bitten. Sie können seine Hilfe durch eine traditionelle Anrufung, eine Affirmation oder sogar ein einfaches »Hilfe, Michael!« anfordern. Wichtig ist nicht, *wie* Sie sich an ihn wenden, sondern *dass* Sie es tun.

Doch warum sollten Sie sich an Michael wenden, wenn Sie Gott direkt um Hilfe bitten können? Es ist sicherlich am besten, wenn Sie Ihren eigenen religiösen und spirituellen Glaubenssätzen folgen; und wenn Sie das Gefühl haben, es sei das Beste, nur mit Gott direkt zu sprechen, dann ist das ohne Frage der richtige Weg für Sie. Ich persönlich habe gelernt, dass Engel stets die Botschafter sind, die für uns vermitteln, wenn wir den Schöpfer um Hilfe bitten. Anders ausgedrückt: Die Resultate sind dieselben, egal ob wir uns an Michael oder direkt an Gott wenden. Sie können den Allmächtigen bitten, Ihnen Michael zu schicken, oder Sie können den Erzengel direkt anrufen.

Da Michaels Hauptaufgabe darin besteht, zu beschützen (er ist der Schutzheilige der Polizisten und des Militärs), behütet er Sie vor niederen Energien. Sollten Sie jemals Zweifel haben an der Integrität von Menschen oder Geistwesen, wenden Sie sich an ihn. Wie ein heiliger Türsteher und Rausschmeißer sorgt Michael dafür, dass nur lichte Wesen reiner Liebe in Ihre Nähe kommen. Unterstützt von einer Legion von Engeln, bekannt als die »Gruppe der Barmherzigen«, arbeitet Michael auch mit Jesus, Heiligen, anderen Erzengeln und religiösen Gottheiten.

Die meisten Personen, deren Geschichten in diesem Buch wiedergegeben sind, haben selbst Erzengel Michael gesehen, gefühlt oder gehört. Sie werden feststellen, dass sie nichts getan haben, um diese Visitationen herbeizuführen, außer um seine Hilfe zu bitten – und ohne darauf zu bestehen, dass sie auf eine *bestimmte* Weise erfolgen soll. Wenn Sie Erzengel Michael um Vermittlung bitten, wird er jedes Mal »Ja« sagen ... und Sie können sich darauf verlassen, dass seine Hilfe auf eine perfekte und überraschend angenehme Art eintreffen wird.

In den nächsten vier Kapiteln werden Sie sehen, wie dieses himmlische Wesen mittels unserer physischen Sinne mit uns Kontakt aufnimmt. Ihre Begegnung mit Erzengel Michael wird höchstwahrscheinlich den Geschichten in diesem Buch ähnlich sein, doch mit ihren eigenen, einzigartigen Variationen. Das liegt daran, dass Michael mit dem umfangreichsten, präzisesten und wunderbarsten Computer im Universum arbeitet: der grenzenlosen Weisheit Gottes. Daher ist jede Interaktion und jede Rettung, die Michael den Menschen zuteil werden lässt, auf die jeweilige Person und ihre Umstände zugeschnitten.

Erstes Kapitel

Sie können Michael sehen

Auf zahllosen Gemälden wird Erzengel Michael als muskulöse, geflügelte Gottheit mit nordisch aussehenden Gesichtszügen abgebildet, die auf einem Berggipfel steht, in den Händen ein Schwert und einen Schild.

Die Beschreibungen jener Personen, die einen Blick auf den Erzengel erhascht haben, weisen eine große Ähnlichkeit mit diesen Abbildungen auf.

Wenn die Menschen Michael sehen, beschreiben sie ihn normalerweise als auffallend groß, mit strahlenden oder exotisch anmutenden Augen. Er ist nicht wirklich so blond und sonnengebräunt, wie er in der Regel auf Gemälden dargestellt wird, da er weder Haare noch Haut hat – doch das goldene Licht, das von ihm ausstrahlt, führt dazu, dass er farblich wie ein Wesen des Sommers aussieht.

Wann immer Michael auf Ihren Hilferuf erscheinen wird, ist es wahrscheinlicher, dass Sie seine Präsenz fühlen, statt ihn mit Ihren physischen Augen zu sehen. Doch für den Fall, dass Sie ihn sehen, können Ihnen die Geschichten in diesem Kapitel eine Ahnung von seiner visuellen Erscheinung geben.

Kinder sehen Engel

Babys und Kinder sind sich in hohem Maße der Gegenwart von Engeln bewusst. Bei Babys können Sie beobachten, wie sie die Umrisse ihrer Eltern betrachten und sich auf die hübschen tanzenden Lichter um die Schultern ihrer Mütter fokussieren (es sind Schutzengel!). Während Babys ohne Grund zu lächeln scheinen, glaube ich, dass ihre Freude daher rührt, dass sie die Engel sehen, die sie auf ihrer Reise vom Himmel zur Erde begleitet haben.

Sogenannte »unsichtbare Freunde« sind in Wahrheit Engel, die Kinder sehen und hören können. Wenn Eltern sich die Engelgeschichten ihrer Kinder mit Respekt und Aufgeschlossenheit anhören, helfen sie ihnen damit, ihrer Intuition zu vertrauen. Da die Seelen und Herzen der Kinder für neue Erfahrungen offen sind, haben sie keine Schwierigkeiten, mit Engeln Verbindung aufzunehmen. Tatsächlich stellte eine Untersuchung der Ohio State University im Jahre 1980 fest, dass Kinder, verglichen mit anderen Altersgruppen, die meisten nachweisbaren außersinnlichen Erlebnisse hatten.

Ich glaube, dass Kinder große spirituelle Lehrer sind! Genau wie die junge Johanna von Orleans und Bernadette von Lourdes der Welt einen unschätzbaren Beitrag leisteten, indem sie trotz starker Kritik der göttlichen Stimme Gehör schenkten, können auch wir eine Menge von den Einsichten unserer Kinder lernen.

Für mich ist es besonders faszinierend, zu sehen, wie diese jungen Menschen, wie beispielsweise Sandra Slaghts Tochter Meryn, Erzengel Michaels klassische Gesichtszüge beschreiben, ohne Bilder von ihm gesehen oder Beschreibungen zu seiner Person gehört zu haben! Sandra sagt dazu:

Meine Scheidung lief, als eine Freundin mir Doreens Buch *Das Heilgeheimnis der Engel* gab. Wir waren eben erst in eine neue Wohnung eingezogen. Meine dreijährige Tochter Meryn hatte Angst, in ihrem neuen Zimmer zu schlafen, also kroch sie zu mir ins Bett. Ich hatte in dem Buch gerade ein Kapitel über Erzengel Michael gelesen und riet Meryn, dass sie jedes Mal, wenn sie Angst habe, ihn herbeirufen könne, damit er sie beschütze. Daraufhin erklärte sie: »Genau!«, so als würde sie sich wundern, warum *ihr* das nicht selbst eingefallen war, bevor sie dann fortfuhr: »Ja, Mami, es ist der mit dem großen Schwert.«

Bevor ich in Doreens Buch über Michael gelesen hatte, war mir nicht bekannt, dass er ein großes Schwert in der Hand hatte! Es war also völlig unmöglich, dass Meryn von diesem berühmten Schwert wissen konnte – es sei denn, sie hatte den Engel selbst gesehen!

Die Berichte von Kindern über den Erzengel sind eine Bestätigung, dass wir Erwachsene nicht einfach nur als Resultat vorgefasster Erwartungen Visionen von Michael und seinem Schwert sehen.

Eltern fragen mich immer wieder, wie sie ihren Kindern helfen können, die unter Albträumen leiden oder nachts aufgrund Angst einflößender Bilder in ihren Schlafzimmern nicht allein schlafen können. Diese Kleinen bilden sich nicht einfach Monster in ihren Kleiderschränken oder Krokodile unter dem Bett ein. Die Sensitivität von Kindern zieht zuweilen erdgebundene Seelen von Menschen an, die nach ihrem Tod weiterhin unter den Lebenden herumgeistern.

Wenn diese Wesenheiten in der Regel auch keinen Schaden anrichten, kann ihre Gegenwart empfindsamen Menschen sehr zu schaffen machen.

Meiner Meinung nach ist es sehr wichtig, dass Eltern ihren Kindern von Erzengel Michael und seiner Fähigkeit, erdgebundene Geister von ihnen fernhalten zu können, erzählen. Kinder fühlen sich stärker, wenn sie wissen, dass sie den Engel um physischen und geistigen Schutz bitten können, wie die dreijährige Celeste Amour von ihrer Mutter lernte. Hier ist ihre Geschichte:

> Meine dreijährige Tochter Celeste hat meinem Mann und mir von verschiedenen Personen erzählt, die sie besucht haben, und von den besonderen Freunden, die sie regelmäßig trifft und von denen wir wissen, dass sie Geister sind. Ich habe Celeste stets ermutigt, ihre Engel um Hilfe zu bitten, und ihr oft erzählt, wie diese Wesen uns alle beschützen.
>
> Kürzlich ging Celeste durch eine schwierige Phase mit einem Geistmann, den sie immer wieder sah. Das führte zu Albträumen und dazu, dass sie abends nicht ins Bett gehen wollte. Sie klagte, dass »der Mann mit einem Loch in seinem Hals« immer wieder zu ihr kam. Mit ihren drei Jahren hatte Celeste ganz offensichtlich Angst und begriff nicht, warum der nächtliche Besucher kam und was er von ihr wollte. Ich ermutigte sie, ihre Engel um Hilfe zu bitten, und sagte ihr einige Schutzgebete, was vorübergehend auch wirkte. Doch kurze Zeit später kam der Mann wieder, was Celeste zutiefst bedrückte!

Also wandte ich mich an einen spirituellen Berater. Er erklärte mir, wie ich mich an Erzengel Michael wenden sollte, und sagte, dass der Mann, den Celeste sah, unter sehr schmerzhaften Umständen gestorben war und sie ausgesucht hatte, damit sie ihm helfen würde.

In jener Nacht hatte meine Tochter besonders große Angst und weigerte sich, schlafen zu gehen, da sie sicher war, dass der Geistmann kommen würde. Ich erklärte ihr, dass sie, solle er tatsächlich erscheinen, Erzengel Michael bitten müsse, ihr zu helfen und dem Besucher zu sagen, dass er ins Licht gehen solle.

Am nächsten Morgen umarmte Celeste mich und verkündete strahlend: »Der Mann mit dem Loch ist weg!« Dann sagte sie: »Engel Michael kam in mein Zimmer geflogen! Er hat sich neben mich gelegt und mich in seinen Flügel eingehüllt und gesagt: ›Weine nicht, Celeste‹, und dann bin ich eingeschlafen.«

Das war das Wunderschönste, was ich je gehört hatte, und ich war ganz aus dem Häuschen vor Freude für meine kleine Tochter.

Erzengel Michael wurde schnell Celestes neuer bester Freund, und der Mann mit dem Loch im Hals ist nie wieder aufgetaucht.

Auch wenn es sowohl gesund als auch hilfreich für Eltern ist, ihren Kindern von Engeln zu erzählen (besonders wie sie Erzengel Michael in schwierigen Situationen anrufen können), ist es manchmal gar nicht nötig. Sehr häufig wissen Kinder, wer Michael ist, da er und die anderen himmlischen Helfer die Kinder direkt besuchen und lehren, wie es bei Maria Taylors Tochter der Fall war:

Als meine Tochter Rachael sieben Jahre alt war, schauten wir uns ein Bild von einem Engel an. Sie fragte mich, wer das sei. Ich antwortete: »Ich bin mir nicht sicher, doch ich denke, es könnte Erzengel Uriel sein.«

»Also, Erzengel Michael ist es jedenfalls nicht – das weiß ich genau!«, sagte Rachael voller Überzeugung.

»Ach tatsächlich?«, fragte ich. »Und woher weißt du das so genau?«

Sie sah mich an, als wollte sie sagen: »Das müsstest du eigentlich wissen!«, und meinte nüchtern: »Weil er nicht aussieht wie Michael!«

Vorsichtig erwiderte ich daraufhin: »Also gut, mein Schatz, und woher weißt du, wie er aussieht?« Ich gab mir große Mühe, nicht den Eindruck zu erwecken, als würde ich ihr nicht glauben, und wählte meine Worte mit Bedacht, um meine Tochter nicht zu beeinflussen. Doch ich hätte mir keine Sorgen zu machen brauchen, denn Rachael sagte einfach: »Weil ich ihn gesehen habe.«

»Aha, Liebling. Wann hast du ihn gesehen?«, bohrte ich weiter.

Sie erklärte: »Als ich einmal nachts Angst hatte und versuchte, tapfer zu sein. Es war schlimm, doch dann sah ich einen Mann, der von einem schimmernden weißen Licht umgeben war.«

»Hast du Angst bekommen, Rachael?«, wollte ich wissen.

»Nein«, antwortete sie, »weil er sagte, ich müsste keine Angst haben.«

Ich gab noch nicht nach und bohrte weiter: »Aber wie kannst du wissen, dass es Michael war?«

Sie schaute mir in die Augen und erwiderte: »Weil ich ihn gefragt habe und er mir gesagt hat, wer er ist! Er hat mich zugedeckt und gesagt: ›Hab keine Angst. Ich bin Michael.‹«

Rachael schläft nachts ruhig und friedlich, wohl wissend, dass Erzengel Michael über sie wacht.

Sie können offen mit Ihren Kindern darüber reden, wie sie Erzengel Michael um Hilfe bitten können. Sie und Ihr Kind können gemäß Ihrer jeweiligen religiösen Tradition mit diesem Engel zusammenarbeiten – zum Beispiel indem Sie Gott bitten, Michael zu schicken, oder indem Sie die Gegenwart sowohl von Jesus als auch Michael erbitten. Der Erzengel ist überkonfessionell: Er gehört keiner bestimmten Religion an und ist daher mit Freuden bereit, jedem Menschen zu helfen, egal wer und wo er ist.

Hier einige altersgemäße Möglichkeiten, wie Sie mit Ihrem Kind ein Gespräch über Engel beginnen können:

Kindergarten: Lesen Sie gemeinsam ein Kinderbuch über Engel. Zeigen Sie auf die Abbildungen, stellen Sie Ihrem Kind Fragen und erlauben Sie ihm, frei zu reden. Beantworten Sie die Fragen Ihres Kindes ehrlich.

Grundschule: Zeichnen Sie gemeinsam Bilder von Personen und Engeln, während Sie sich darüber unterhalten, wie Sie und Ihr Kind diese himmlischen Boten empfinden und ob Sie schon einmal eine Begegnung mit ihnen hatten. (Achten

Sie darauf, dass Ihre Worte sehr aufmunternd sind, und vermeiden Sie, irgendetwas zu erwähnen, das Ihr Kind ängstigen könnte.)

Realschule: Schauen Sie sich gemeinsam einen Film oder ein Fernsehspiel mit einem Engel-Thema an und teilen Sie einander Ihre ehrlichen Reaktionen mit. Erlauben Sie Ihrem Kind, seine Meinung frei zu äußern.

Gymnasium: Hören Sie sich einen Popsong an, wie zum Beispiel »Calling All Angels« von der Gruppe *Train*, »Angel« von *Sarah McLachlan* oder »She Talks to Angels« von *The Black Crows*.

Während Ihres Gespräches sollten Sie besonders auf folgende Punkte achten:

1. Sie als Eltern sind bereit, mit offenem Geist auf die Gefühle und Gedanken Ihres Kindes bezüglich Engel zu hören. Sobald Kinder fühlen, dass Sie sie gehört haben, sind sie viel eher bereit, auf Ihre Unterweisungen und Ihren Rat zu hören.

2. Erzählen Sie Ihrem Kind von Erzengel Michael und davon, wie er jederzeit mit Freuden zur Verfügung steht, um jedem zu helfen, der ihn darum bittet.

3. Es gibt viele gleich effektive Möglichkeiten, Michael anzurufen. Ihr Kind kann den Namen des Erzengels laut sagen oder denken, ein Bild von ihm anschauen, sich wünschen, dass er kommt, eine Zeichnung von ihm anfertigen oder seinen Namen auf ein Blatt Papier schreiben und unter sein

Kopfkissen legen. Michael ist der machtvollste aller Engel und absolut unbegrenzt, daher können Sie darauf vertrauen, dass er auf die Bitte Ihres Kindes reagiert, egal wie diese Bitte geäußert wird. Er wird dafür sorgen, dass ausschließlich Engel der reinen Liebe Gottes bei Ihrem Kind sind.

4. Sobald Ihr Sohn oder Ihre Tochter Michael herbeiruft, verschwindet die Angst normalerweise schnell, da allein die Gegenwart des Erzengels beruhigend wirkt.

5. Bitten Sie Ihr Kind, von seinen Erfahrungen mit Michael zu erzählen und mit allen Fragen zu Ihnen zu kommen.

Wie Sie Zeichen von Michael sehen können

Statt des tatsächlichen Engels sehen die meisten Menschen Beweise der Gegenwart Michaels. Seine Übermittlungen sind stets sehr klar, und Sie werden seine Führung entweder in Ihrem Kopf hören oder als Gefühl im Bauch oder als Intuition wahrnehmen. Um jedoch zu garantieren, dass Sie seine Botschaft auch wirklich hören, schickt er zudem physische Zeichen wie zum Beispiel Federn, damit Sie der Führung, die Sie spüren, vertrauen und wissen, dass sie real ist.

Sie können zu Michael sagen: »Bitte schick mir ein Zeichen in der physischen Welt, das ich deutlich erkenne und verstehe«, oder etwas in der Art. Legen Sie sich nicht auf ein bestimmtes Zeichen fest - überlassen Sie diese Entscheidung dem Engel. Sobald Sie um ein Zeichen bitten, *wird* es erscheinen - wichtig ist nur, dass Sie es erkennen. Wie Susan jedoch feststellte, sind die meisten Zeichen von Michael klar und deutlich und nicht zu übersehen:

Am Abend vor seiner 15-tägigen Reise nach Australien zusammen mit anderen *People to People Student Ambassadors*, die gerade die fünfte, sechste oder siebte Klasse absolviert hatten, ging ich mit meinem Sohn Sean im nahe gelegenen Park spazieren. Zunächst hatte ich mir Sorgen gemacht, dass Sean vielleicht zu jung war, um an solch einer weiten Reise teilzunehmen.

Doch meine Sorgen wurden von Seans offensichtlicher Begeisterung für die Wunder, die er auf der Reise durch Australien erleben würde, gedämpft, und dieses Gefühl erfüllte mich mit großem innerem Frieden. Ich wusste, dass ich die Dinge ihren Lauf nehmen lassen und aufhören musste, mir Sorgen zu machen. Und tatsächlich, jedes Hindernis wurde überwunden, während wir diese Reise planten und bezahlten.

Hier waren wir also, mein Sohn und ich, und genossen die letzten Momente vor seiner Abreise. Ich sah ihm zu, wie er an diesem warmen Abend in dem kleinen Bach herumplanschte, und prägte mir das Bild ein, als ich – während ich mir eine Träne aus dem Auge wischte – Gott um ein klares Zeichen bat, dass Sean sicher nach Hause zurückkehren würde. Ich empfing die Antwort auf meine Bitte im nächsten Augenblick, als wir uns umwandten und zum Parkplatz zurückgingen. Dort, genau in der Mitte der Straße gleich vor mir, lag ein Heiligenbildchen mit dem Bildnis von Erzengel Michael. Wir hatten es kurz zuvor auf unserem Weg zu dem Bach nicht gesehen, und außer uns war zu dem Zeitpunkt niemand da. Danach wussten wir beide, dass wir uns keine Sorgen zu machen brauchten. Und das taten wir auch nicht!

Oftmals schickt Michael nur Zeichen, um uns wissen zu lassen, dass er bei uns ist, und um unsere Angst davor zu nehmen, allein und ohne Führung zu sein. Berichte wie der folgende von Liv Lane lassen mich an Erzengel Michael als einen Künstler denken, der seine Arbeit signiert:

Mehrere Wochen lang hatte mein kleiner Sohn Probleme beim Einschlafen, weil er das Gefühl hatte, sein Zimmer sei voller bedrohlicher Wesen. Wir versuchten alles Mögliche, um ihm seine Angst zu nehmen, doch nichts half, er konnte einfach nicht einschlafen. Verzweifelt versuchte ich, Hilfe für ihn zu finden (und damit *wir alle* wieder schlafen konnten!), wusste jedoch nicht, wohin ich mich wenden sollte.

Dann, als ich eines Nachmittags mit dem Auto unterwegs war, dachte ich plötzlich an Erzengel Michael und begann, ihn um Führung und Hilfe für meinen Sohn zu bitten. Ich bog auf einen Parkplatz ein, um meine Gedanken zu sammeln, als ich plötzlich einen kleinen, aber strahlend bunten Regenbogen am Himmel bemerkte. Sofort musste ich laut lachen, denn ich sah, dass sich der Regenbogen direkt über einem Laden für Kunstbedarf befand, und der Name des Geschäfts lautete »Michaels Craft Store«! Ich nahm dies als cleveres Zeichen des Erzengels, dass er meine Bitte gehört hatte und mit Freuden bereit war zu helfen.

Zeichen können auch als Antwort auf Fragen erscheinen, die Sie stellen. Wann immer Sie sich gestresst oder verunsichert fühlen, nehmen Sie sich einen Moment Zeit, um Gott und die Engel um Führung zu bitten. Sie werden Ihnen umgehend antworten und ihre Botschaft häufig mit einem physischen Zeichen verdeutlichen, wie eine Frau namens Oceanna entdeckte:

Erzengel Michael ist ohne Frage mein Lieblingsengel, wenn ich Hilfe brauche, weil er eine solch starke, liebevolle Präsenz ist und weil er einen wunderbaren Sinn für Humor hat.

Eines meiner Lieblingsbeispiele dafür war eine Situation, in der ich mich extrem überfordert und verletzbar fühlte. Ich war im Auto unterwegs und sprach mit Gott und den Engeln über meine Gefühle und schüttete ihnen mein Herz aus.

»Oh, ihr Engel!«, seufzte ich, während mir Tränen über die Wangen liefen. »Was soll ich nur tun?«

Und kaum hatte ich diese Worte ausgesprochen, fiel mein Blick auf etwas zu meiner Linken. Es war eine riesige elektronische Reklamewand, auf der in großen leuchtenden Buchstaben stand: FRAGEN SIE MICHAEL! In meiner aufgewühlten Verfassung hatte ich komplett vergessen, ihn um Hilfe zu bitten! Ich fing an zu lachen, und mein Herz weitete sich vor Liebe für dieses wunderbare, herrliche Wesen des Lichts. Ich wusste, dass Erzengel Michael bei mir war, und mein gebrochenes Herz wurde sogleich auf wundersame Weise geheilt. Ich fühlte mich in diesem Moment so sicher und geliebt, dass sich in meinem Inneren sofort ein Dankgebet formulierte, mit dem ich Michael um Vermittlung in meiner Situation bat.

Innerhalb von zwei Tagen waren alle Probleme gelöst. Ich fand den Mut, meine Wahrheit zum Ausdruck zu bringen und mein Leben wieder zuversichtlich in Angriff zu nehmen. Ich weiß, dass Michael während der ganzen Zeit an meiner Seite war und mich in seine schützenden Flügel hüllte. Meine Beziehung mit dem Erzengel entwickelt sich weiterhin, und ich lerne jeden Tag etwas Neues von ihm. Ich vergesse nie mehr, ihn um Hilfe und Führung zu bitten ... und sollte ich es eines Tages vergessen, so weiß ich, dass er da sein wird, um mich daran zu erinnern!

Die Zeichen der Engel sind immer auch ein Beweis ihres wunderbaren, liebevollen Sinns für Humor. Oceanna wurde ein »buchstäbliches« Zeichen zuteil, was sie daran erinnerte, dass Gott und die Engel nicht in ihr Leben eingreifen und ihren freien Willen untergraben konnten, sondern sie zuerst um Hilfe bitten musste. Ich liebe diese Geschichte, weil sie eine so klare Botschaft des Himmels ist.

Doch himmlische Zeichen sind nicht immer so buchstäblich wie das von Oceanna. Manchmal sind sie wesentlich subtiler, wie es bei Susie Sparks der Fall war, als sie Michael um ein Zeichen bat:

Vor ein paar Tagen machte ich mich für eine kleine Fahrradtour bereit. Ich hatte mir vorgenommen, jeden Morgen etwas für meine körperliche Fitness zu tun, und hoffte, dass sich dies positiv auf meine

Einstellung zu meinem Job als Krankenschwester auswirken würde, der mich zu der Zeit sehr
stresste. An diesem bestimmten Morgen fühlte ich
mich besonders niedergeschlagen.

Ich fuhr also im Nieselregen vor mich hin, innerlich über meinen Job klagend und die Engel
fragend, ob sie meine Gebete gehört hatten. Laut
sagte ich: »Erzengel Michael, bitte gib mir ein Zeichen, dass du bei mir bist.«

Ich bog um eine Ecke – und sah einen riesigen,
strahlenden, wunderschönen Regenbogen! Ich
verneigte meinen Kopf in Demut und hielt mein
Rad an, um Erzengel Michael zu danken.

Vielleicht mögen einige das Ganze nicht für
sehr bedeutend halten, doch für mich war es
genau das, was ich brauchte.

Wie Susie sagte, der Regenbogen wäre für manche Menschen
vielleicht kein klares Zeichen gewesen, doch *sie* wusste, was er
bedeutete. Darum ist es wichtig, dass Sie Ihre inneren Reaktionen wahrnehmen und würdigen, da diese inneren Hinweise die Botschaften Ihrer Engel bestätigen können.

Doch viele der Zeichen, die Michael schickt, sind kosmisch
und haben mit der Natur zu tun ... wie beispielsweise Regenbogen, engelförmige Wolken und sogar eine Sternschnuppe,
wie es Laura Cohen erlebte:

Mein Sohn und ich gingen in einer sehr dunklen
Sommernacht auf einem Weg in der Nähe seines
Gymnasiums spazieren. Mein Sohn Jeremy, der 13
Jahre alt ist, sagte: »Mom, ich habe Angst. Irgend-
wie habe ich hier ein schlechtes Gefühl.«

Insgeheim stimmte ich ihm zu, wollte ihn jedoch nicht noch mehr ängstigen. Um seine Furcht zu mindern, sagte ich: »Warum bitten wir nicht Erzengel Michael, uns zu führen und vor jeglichem Problem zu schützen?« Gemeinsam baten wir den großen Erzengel um Schutz.

Mein Sohn, der sein Fahrrad dabeihatte, fuhr voraus, während ich ihm zu Fuß folgte. In dem Moment, als er vor mir herfuhr, sah ich eine riesige, strahlend helle Sternschnuppe, wie sie im dunklen Nachthimmel einen kompletten Bogen über dem Kopf meines Sohnes beschrieb. Der Mond war in jener Nacht nicht zu sehen, daher war der Strahl dieses feurigen Lichtes umso herrlicher.

Ich wusste sofort, dass Erzengel Michael unsere Gebete gehört hatte. Wir waren beschützt, und von diesem Augenblick an ging ich den Weg mit einem Gefühl absoluten Friedens entlang – in dem Wissen, von dem wundervollsten Krieger-Engel umgeben zu sein, der uns den Weg wies. Schon vorher empfand ich viele Male, wenn ich mich an diesen herrlichen Engel gewandt hatte, eine Sternschnuppe als himmlische Bestätigung dafür, dass meine Gebete erhört worden waren.

Da Erzengel Michael ein Beschützer ist, sind seine Zeichen darauf angelegt, zu trösten und zu beruhigen. Er möchte Sie wissen lassen, dass er bei Ihnen ist und Ihre Gebete und Fragen hört. Falls Sie die Zeichen, die er sendet, nicht wahrnehmen oder ihnen nicht vertrauen, wird er seine Botschaft auf eine andere Weise übermitteln, bis Sie beruhigt sind.

Sie können Michael außerdem direkt sagen, dass Sie das, was er schickt, nicht sehen oder verstehen. Der Erzengel schätzt Ihre Offenheit und wird Ihnen gerne helfen, die Zeichen zu erkennen.

In dem Bestreben, seine Botschaft wirklich verständlich zu machen, übermittelt Michael zuweilen mehrere Zeichen. Dazu gehört oft sein Name, vergleichbar der Signatur eines Künstlers, auf vielen seiner physischen Botschaften, so wie eine Frau namens Sarah es auf einer langen Fahrt erlebt hat.

Ich fuhr mit meinem Bruder und meiner Mutter in einem Jeep mit gemietetem Anhänger von Texas nach Kalifornien. Wir waren noch nie mit einem Anhänger gefahren und hatten keine Ahnung, worauf wir uns da eingelassen hatten, bis wir auf dem Freeway waren. Als Erstes fuhr ich, doch der vollgepackte Anhänger machte mir mit seinem Hin- und Herschwanken sehr zu schaffen. Aus Angst, ich könnte die Kontrolle über den Jeep verlieren, übernahm mein Bruder das Steuer. Er schien gut mit dem Wagen zurechtzukommen, und auch der schwankende Anhänger irritierte ihn nicht. Während er fuhr, saß ich auf dem Rücksitz und las meine Engelbücher. Ich bat Erzengel Michael, uns auf unserer Reise zu beschützen. Da hatte ich noch keine Ahnung, wie sehr wir seinen Schutz brauchen würden!

Ungefähr eine Stunde von Phoenix entfernt fuhren wir die erlaubten 80 Meilen pro Stunde, als der Anhänger plötzlich so stark hin- und herschwankte, dass mein Bruder die Kontrolle über den Wagen verlor. Wir landeten in einem Graben neben dem Mittelstreifen. Glücklicherweise war der Wagen unbeschädigt!

Als wir wieder losfuhren, schaute ich von meinem Buch auf und sah die Zahl »444« auf einer Plakatwand neben dem Freeway. Mir war die Bedeutung dieser Zahlenfolge bekannt: »Die Engel sind bei dir.« Im nächsten Moment fuhr ein riesiger Lastwagen mit »444« auf dem Nummernschild und den Worten »Michael Most« auf der Tür vorbei. In diesem Augenblick wusste ich, dass Erzengel Michael uns führte und beschützte. Ich sah denselben »Michael Most«-Laster noch zweimal auf unserer Fahrt, das letzte Mal kurz bevor wir unser Ziel erreichten.

Nachdem wir zu Hause angekommen waren, suchte mein Bruder im Internet nach Lastern einer Firma namens »Michael Most«. Er sagte, er habe keine Ahnung, wie er es geschafft habe, uns alle heil nach Hause zu bringen, da wir aufgrund des vollgepackten Anhängers diverse Sicherheitsregeln außer Acht gelassen hatten. Seine Worte bestätigten meine Gedanken darüber, dass Erzengel Michael uns nach Hause geleitet hatte.

Viele Menschen erzählen mir immer wieder, dass sie Erzengel Michael aus meinem Orakelkartendeck, das aus 44 Karten besteht, ziehen als Zeichen, dass er ihnen hilft. Da Orakelkarten eine physische Möglichkeit der Kommunikation mit den Engeln sind, macht es Sinn, dass Michael uns durch die Karten zu erreichen versucht, die seinen Namen und sein Bild tragen. Elisabeth Roosendaal berichtete, wie sie ihre

Erzengel-Michael-Orakelkarte erhielt, bevor sie deren Bedeutung und Wirkung verstand:

> Erzengel Michael macht mir seit einiger Zeit seine Gegenwart deutlich. Kürzlich gab ich mir mit Doreens »Erzengel-Orakel« selbst ein Reading und zog die Erzengel-Michael-Karte »Du bist beschützt« mit der Botschaft: *Ich beschütze dich vor niederen Energien und wache über dich, deine Lieben und dein Heim.*
>
> Damals erkannte ich den Bezug zu der von mir gestellten Frage nicht auf Anhieb, war aber trotzdem dankbar für die Botschaft. Am nächsten Abend ging ich mit meinem Bruder und einem Freund in die Stadt, und als wir Stunden später wieder nach Hause kamen, fanden wir die Eingangstür verdächtigerweise sperrangelweit offen, während es im Haus völlig dunkel war. Die beiden Männer gingen hinein, um zu sehen, was los war, während ich sofort an die Karte denken musste. Ich wusste ohne den geringsten Zweifel, dass wir alle beschützt waren und dass alles im Haus genau so sein würde, wie wir es verlassen hatten.

So wie die Autoren dieser Berichte können auch Sie Zeichen von Gott, Michael und den anderen Engeln empfangen, indem Sie einfach eine Frage stellen und ein Zeichen erbitten. Diese Zeichen können in physischer Form zu Ihnen kommen, oder vielleicht sehen Sie sogar Erzengel Michaels schimmernde Aura, wie ich es im nächsten Abschnitt beschreiben werde.

Michaels blaue und purpurfarbene Lichter

Jedes Lebewesen hat einen Schimmer, eine Aura, egal ob Mensch, Tier oder Engel. Dieses Licht ist ein Widerschein der Liebe unseres Schöpfers und die Lebenskraft unserer Seele.

Schutzengel strahlen ein wunderschönes reinweißes Licht aus, das manche Menschen mit ihren physischen Augen sehen können. Diese »Engel-Lichter« erscheinen wie funkelndes Glitzern oder helle Blitze (ähnlich dem Blitzlicht einer Kamera). Auf digitalen Fotos und auf Bildern, die mit der Kirlian-(Aura)-Kamera aufgenommen wurden, sieht man sie als eine Art weißer Heiligenschein (vor allem wenn sie nachts aufgenommen wurden).

Die Erzengel, größer und mächtiger als Schutzengel, sind von bunten Lichtern umgeben, die mit der jeweiligen besonderen Aufgabe des Engels korrespondieren. Erzengel Michaels Aurafarbe ist ein königliches Purpur, dessen intensives Strahlen wie ein sattes Kobaltblau erscheint. Zudem geht ein goldenes Licht von ihm aus, was ihn sonnengebräunt und blond erscheinen lässt.

Dieses Licht steht mit Jesus Christus in Verbindung. Personen, die Jesus in ihren Gebeten, Meditationen, Träumen und Nahtoderfahrungen gesehen haben, erwähnen immer das goldene Leuchten um seinen Kopf. Schauen Sie sich jedes beliebige traditionelle Gemälde von Jesus an – und Sie werden feststellen, dass auch Künstler diesen goldenen Schimmer sehen oder fühlen, da er immer wie ein Heiligenschein den Kopf von Jesus umgibt.

Da Michael in enger Verbindung zu Christus steht (obwohl er nicht einer bestimmten Religion angehört), ist die gesamte Erscheinung des Erzengels von einem goldenen Schein umgeben. Dieser Schein wird von einer zweiten Schicht von Licht umgeben, die sehr weit ausstrahlt und von jenen, die Kontakt mit Michael aufnehmen, oft als Funken oder Blitze strahlendblauen oder purpurfarbenen Lichtes wahrgenommen wird.

Menschen, die »Engel-Lichter« sehen, stellen mit Erleichterung fest, dass ihre Sehfähigkeit ungetrübt ist (viele haben mir berichtet, dass sie ihre Augen von Augenärzten untersuchen ließen, die keinerlei organische Ursache für dieses Phänomen finden konnten).

Die blauen und purpurfarbenen funkelnden Lichter sind ein Zeichen, dass Michael in der Nähe ist, wie eine Frau namens Pushtie entdeckte:

Ich bin Inderin und Schauspielerin in Bombay. Als ich eines Tages zu einem Morgendreh losfuhr, bat ich Erzengel Michael, mich zu beschützen und über mein Heim zu wachen. Das tue ich jeden Morgen zusammen mit der Frage an Michael: »Gibt es irgendetwas, was ich tun sollte, bevor ich das Haus verlasse?«

Viele Male habe ich als Antwort auf diese Frage ein intuitives Gefühl empfunden, oder es ist mir etwas eingefallen, was ich vergessen hatte. Doch an diesem Tag hörte ich Michael deutlich sagen, dass ich nach dem Duschen den Durchlauferhitzer im Badezimmer nicht ausgeschaltet hatte. Ich glaubte ihm nicht, da ich immer besonders darauf achte, das Gerät nach dem Duschen auszuschalten. Also wollte ich gerade das Haus verlassen, um zur Arbeit zu gehen ... als ich plötzlich ein purpurfarbenes Licht im Flur vor mir sah, das mir praktisch den Weg blockierte! Gleichzeitig fühlte ich eine ungewöhnliche Wärme in diesem Bereich des Flurs.

Ein Schauer lief mir über den Rücken, während ich vor meinem inneren Auge sah, wie der Durchlauferhitzer explodierte und das Haus Feuer fing. Also beschloss ich, noch mal im Badezimmer nachzuschauen, und stellte verblüfft fest, dass ich das Gerät tatsächlich *nicht* ausgeschaltet hatte! Beim Ausschalten berührte ich mit der Hand zufällig das glühend heiße Metall. Mit Entsetzen stellte ich fest, dass der Erhitzer wahrscheinlich innerhalb der nächsten Stunde explodiert wäre.

Auf diese Weise half Erzengel Michael mir, mein Heim zu retten.

Darüber hinaus habe ich immer wieder gehört, dass Personen, die mit Michael arbeiten, sich unwiderstehlich zu strahlendem Blau und Purpur oder Lila hingezogen fühlen. Wenn Sie also auf der Suche nach kobaltblauen Wassergläsern sind oder Ihr Gesicht in eine lilafarbene Decke vergraben, ist das Verlangen nach diesen Farben ein Zeichen dafür, dass Sie mit dem Erzengel arbeiten.

Viele Menschen berichten, dass sie Michaels blaue Lichter während einer Krise sehen, vergleichbar den Spuren, die Superman zurücklässt, wenn er herabschwebt, um die Situation zu retten. So hat es auch Shirley Mischael-Morales erfahren, die von Erzengel Michael beschützt wurde:

Ich fuhr gerade mit meinen beiden kleinen Kindern über eine viel befahrene Autobahnbrücke, als der Verkehr aufgrund eines Unfalls auf zwei

Bahnen plötzlich zum Erliegen kam. Bereits zu spät dran für einen Termin und frustriert darüber, dass die Autos in der linken Spur zu schnell fuhren und mich nicht hineinließen, stoppte ich mein Auto und warf einen Blick in den Rückspiegel, gerade noch rechtzeitig, um einen riesigen Lastwagen zu sehen, der sich mit großer Geschwindigkeit näherte.

Plötzlich bremste der Fahrer scharf und verlor dabei die Kontrolle über den Wagen, krachte in die Leitplanke, drehte sich um die eigene Achse und raste auf mein Auto zu. Im Bruchteil einer Sekunde bemerkte ich einen blauen Lichtblitz und sah Erzengel Michael am Himmel. Das Licht war wie ein Stern, der hinter meiner Stirn explodierte.

Sofort war mir klar, was ich zu tun hatte. Während mein Bewusstsein immer wacher wurde, schien die physische Welt sich in Zeitlupe zu bewegen. Ohne Zeit zu haben, mich um den herannahenden Verkehr zu kümmern, drückte ich das Gaspedal durch und scherte in die linke Spur aus – gerade noch rechtzeitig, um genug Raum für den außer Kontrolle geratenen Laster zu schaffen, der die rechte Seite unseres Wagens streifte und zwei anderen hinten drauffuhr, jedoch ohne dass es zu einem tödlichen Aufprall kam. Wenn wir uns auch in Lebensgefahr befanden, hat Erzengel Michaels Führung dafür gesorgt, dass ich ruhig blieb. Sie gab mir Klarheit und die Fähigkeit, präzise zu agieren.

Die Fahrerin des außer Kontrolle geratenen Lastwagens kam zu mir gerannt. Als sie sah, dass ich Kinder im Auto hatte, umarmte sie mich und rief aus: »Gott sei Dank ist ihnen nichts passiert! Gott sei Dank sind wir *alle* am Leben!« Dann kam ein Mann zu uns herüber und erklärte aufgeregt, dass er mit hoher Geschwindigkeit in der Spur gefahren war, in die ich ausgeschert war, bis er plötzlich wusste, dass er schnell die Spur wechseln und mir Platz machen musste, damit ich dem Laster ausweichen konnte. Der Mann hatte mir Platz gemacht, obwohl es in dem Moment für ihn keinen logischen Grund gab, anzunehmen, dass in der nächsten Sekunde ein Auto, das aufgrund des schleichenden Verkehrs angehalten hatte, plötzlich in seine Spur schießen würde. Er fühlte sich auf wundersame Weise geführt. Da alles so schnell gegangen war, war es nur himmlischer Intervention zu verdanken, dass ein schlimmes Unglück verhindert werden konnte.

Diese Erfahrung war ein ungeheures Geschenk für mich und eine Bestätigung für die schützende Gegenwart von Erzengel Michael sowie meine Fähigkeit, seine Führung zu empfangen und für die Sicherheit meiner Kinder zu sorgen.

Shirley hat nicht nur Erzengel Michael und sein blaues Licht gesehen, sondern auch seine Führung als Gedanken empfangen, die sie zu der richtigen Reaktion veranlassten. Die Ruhe, die sie in einer derart gefährlichen Situation empfand, ist ein hinreichender Beweis für göttliche Intervention.

In ähnlicher Weise sah auch Ursula Lovelock das blaue Licht als Beweis von Michaels lebensrettender Einmischung. Wenn Sie ihre Geschichte lesen, können Sie fast den Erzengel sehen, wie er so schnell herabschoss und wieder verschwand, dass nur seine Lichtspur zu sehen war:

> Seit ich 2002 die Engel entdeckte, habe ich immer wieder Erzengel Michael um seinen Schutz für mich und meine Familie gebeten. Anfang 2003 waren mein Sohn Tristan und ich gerade vom Einkaufen nach Hause zurückgekommen. Ich parkte den Wagen in unserer Garage und half Tristan, der damals zweieinhalb Jahre alt war, aus seinem Kindersitz.
>
> Als wir von der Garage ins Haus gingen, zog ich die schwere Garagentür nach unten, damit sie zufallen würde. Ich nahm an, dass Tristan hinter mir stand, doch als das schwere Metalltor an Schwung gewann und sich herabsenkte, fühlte ich plötzlich den intuitiven Drang, sie festzuhalten.
>
> Ich schaute mich nach Tristan um und sah, dass er direkt neben dem Tor stand, das harte Metall nur Zentimeter von seinem süßen blonden Lockenköpfchen entfernt. Zwischen dem Tor und Tristans Kopf sah ich Erzengel Michaels Visitenkarte: vier oder fünf hell leuchtende blaue Funken, die einen Augenblick in der Luft schwebten, bevor sie verschwanden. Ich weiß, dass das schwere Tor Tristan erschlagen hätte, wenn es auf ihn gefallen wäre. Danke, Erzengel Michael!

Wie Ursula erwähnte, hatte sie Erzengel Michael schon seit Jahren um Hilfe gebeten und wusste, dass er unseren freien Willen nicht unterminieren kann, indem er ohne unsere Erlaubnis eingreift. Doch sobald wir um seine Hilfe bitten, sollten wir einen Schritt zurücktreten – denn Michael kommt sofort, um die Lage zu retten!

Tracy Hanrattys Erfahrung, als in ihr Auto eingebrochen wurde, ist ein perfektes Beispiel dafür. Michael konnte ihren Besitz nicht schützen, solange sie ihn nicht um Hilfe gebeten hatte. Doch sobald Tracy ihn um Schutz anrief, kam er sofort zu ihr, wie die verräterischen blauen Lichter bewiesen:

> Eines Abends nach der Arbeit parkte ich neben meinem Haus und lief schnell hinein, weil mein Sohn sich nicht wohl fühlte. In meiner Hast ließ ich ein paar Sachen im Auto liegen. Als ich sie später holen wollte, sah ich, dass drei der Autofenster eingeschlagen und die Sachen verschwunden waren. Ich stand völlig unter Schock und konnte nicht fassen, was da passiert war.
>
> An diesem Abend fühlte ich mich in meinem eigenen Haus unsicher und verletzbar und hatte Angst, dass die Person, die in mein Auto eingebrochen war, noch in der Nähe sein könnte. Ich wusste, dass mir nun eine schlaflose Nacht bevorstand.
>
> Doch dann erinnerte ich mich an Doreens Rat, Erzengel Michael zu bitten, zum Schutz jeweils einen Engel im Norden, Süden, Osten und Westen unseres Hauses zu positionieren. Das tat ich, und jedes Mal, wenn ich in dieser Nacht aufwachte, sah ich Blitze und Spuren von strahlendem Königsblau in meinem Zimmer. Ich hatte keine Angst ... vielmehr wusste ich, dass ich in Sicherheit und beschützt war, und empfand ein

Gefühl inneren Friedens. Heute bitte ich jede
Nacht um den Schutz der Engel sowohl für mein
Heim als auch für mein Auto.

Tracy lernte also aus dieser Erfahrung und bittet heute
darum, dass Engel sie und ihren Besitz beschützen – eine gesunde und kluge Angewohnheit, die auch Sie sich zu eigen
machen sollten!

Die einzige Ausnahme zu der »Nicht-Einmischungs-Klausel«,
der die Engel folgen müssen, besteht in dem Augenblick, in
dem jemand Gefahr läuft zu sterben, bevor seine Zeit gekommen ist. Gott und die Engel können auch ohne die Erlaubnis
einer Person intervenieren, um ein Leben zu retten. Manchmal tun sie es direkt, und zu anderen Zeiten lassen sie dem
Betreffenden göttliche Führung zuteil werden, der er folgen
kann, so wie ich es erfahren habe, als ich mich 1995 während
eines bewaffneten Carjackings in Lebensgefahr befand. Wenn
ich meiner inneren Führung damals nicht gefolgt wäre, würde
ich heute vielleicht nicht mehr leben.

Doch die Frage, warum manche Menschen auf wunderbare
Weise gerettet werden und andere nicht, ist nach wie vor ein
unerklärliches Geheimnis, das wir vielleicht erst verstehen
können, wenn wir die dreidimensionale Welt verlassen. In
jedem Fall ist es eine Tatsache, dass genug Menschen wunderbare Interventionen erleben, um uns wissen zu lassen, dass
wir behütet und beschützt werden.

In dem folgenden Bericht hat Sheila nicht direkt um Erzengel Michaels Hilfe gebeten, doch da ihr Leben in Gefahr
war, kam er zu ihrer Rettung. Sheila ist überzeugt, dass sie ihm
ihr Leben verdankt, und sie weiß aufgrund seines charakteristischen blauen Lichtes, dass er es war, der sie beschützte.

Eines Tages hielt ich bei Rot an einer Ampel, als der Fahrer eines Lasters im letzten Moment aus-scherte und mit ungefähr 100 Stundenkilometern auf mein Auto auffuhr. Mein Auto schleuderte nach vorne in den entgegenkommenden Verkehr, wo mir im nächsten Moment ein anderer Wagen in die Seite fuhr, sodass sich meiner um die eigene Achse drehte. Dann sah ich plötzlich einen strah-lend blauen Lichtblitz! Mein Wagen hatte Total-schaden, und nur die Fahrerseite war beinahe unbeschädigt. Ich wurde mit Schnittwunden, Abschürfungen und einem gebrochenen Schlüs-selbein ins Krankenhaus gebracht.

Seitdem weiß ich, dass der blaue Lichtblitz, den ich während des Unfalls gesehen habe, das Zei-chen für die Gegenwart von Erzengel Michael ist. Ich weiß ganz sicher, dass er mich an jenem Tag beschützt hat, denn sowohl die Polizei als auch die Feuerwehrleute und Ärzte konnten kaum glau-ben, dass ich den Unfall nicht nur überlebt hatte, sondern mit so leichten Verletzungen davonge-kommen war. Danke, Michael!

Wenn wir sehr gestresst sind, verlagert sich unser Fokus so extrem nach innen, dass wir das Bewusstsein um die Präsenz und Botschaften unserer Engel ausschalten. Daher können Menschen, die ihre himmlischen Helfer am meisten brau-chen, sie oft weder fühlen noch hören! Zum Glück sind die Engel höchst kreativ und beständig bei der Antwort auf unsere Gebete. Zuweilen bedeutet dies, dass sie sich eines Freundes oder Familienmitglieds bedienen, wie es bei Penny Taylor der Fall war:

Ich hatte einen echt schlechten Tag. Es war ein Sonntag, total verregnet, und ich fühlte mich einfach elend. Daher beschloss ich, mich zu verkriechen und unter meiner elektrischen Bettdecke fernzusehen. Ich war in einer düsteren Stimmung, und aufgrund meines langen erfolglosen Kampfes mit Depression und persönlicher Trauer fühlte ich mich völlig erschöpft und allein. Ich glaubte mich verloren und von Gott getrennt.

Mir blieb nichts anderes übrig, als zu beten, und während mir die Tränen übers Gesicht liefen, flehte ich mit ganzem Herzen um Erlösung von meinen Gefühlen der Trauer. Ich betete darum, dass Erzengel Michael mir ein Zeichen geben möge, dass er wirklich bei mir war und mich nicht verlassen hatte.

Was als Nächstes passierte, war sehr bedeutungsvoll für mich ... und außerdem eine sofortige Antwort auf mein Gebet! Eine liebe Freundin, die in einer anderen Stadt lebte, schickte mir eine SMS, in der es hieß: »Ich weiß nicht, warum, aber ich habe dich soeben vor meinem inneren Auge gesehen, wie du in das wunderbarste purpurne Licht gehüllt und davon umgeben warst. Was bedeutet das? Ist alles in Ordnung bei dir?«

Als ich diese einfachen Worte las, war ich verblüfft und ergriffen. Diese Freundin neigte absolut nicht zu solchen Formulierungen; zudem hatte sie die Nachricht in dem Moment geschickt, in dem ich Erzengel Michael um ein Zeichen gebeten hatte! Ich muss wohl nicht erwähnen, dass sich meine Stimmung sofort verbesserte, und ich erkannte, dass vieles wesentlich leichter gewesen wäre, hätte ich schon früher um Hilfe gebeten, bevor ich in diese tiefe Depression stürzte! Wir alle verdienen den Schutz und die Liebe Gottes und der Engel. Man muss nur darum bitten!

Pennys Botschaft, »nur darum zu bitten«, ist eine wunderbare Mahnung, geboren aus ihrer Glück bringenden Erfahrung mit der Bitte um ein Zeichen von Michael.

Der Erzengel erscheint uns immer genau in der für die Situation und die daran beteiligten Personen richtigen Weise ... und manchmal bedeutet dies, dass die Betreffenden ihn deutlich sehen.

Michael in Träumen und Meditationen sehen

Viele »Michael-Sichtungen« ereignen sich im Traum. Wir sind eher in der Lage, einen Engel zu sehen und zu hören, wenn wir schlafen, weil das ängstliche Ego dann ebenso schläft. Unsere Herzen und Seelen sind offener und weniger abgelenkt, während wir uns in diesem Zustand befinden, und wir lassen unser »dreidimensionales« Denken los.

Manchmal können sich Menschen am nächsten Tag nicht an ihre nächtlichen Visionen erinnern, denn wenn sie aufwachen, erscheinen ihnen die Informationen aus der Traumwelt ohne Sinn.

Nichtsdestotrotz ist alles, was wir während des Träumens lernen, in unserem Unterbewusstsein gespeichert und hilft uns auf unserem Weg.

Manche Menschen sehen jemanden, der Michael repräsentiert, wie Eshantie es in einem Traum erlebt hat:

Beim Kampf um das Sorgerecht für mein Kind fühlte ich mich von allen verlassen. Eines Abends vor dem Schlafengehen sprach ich mit Erzengel Michael und bat ihn, mir ein Zeichen seiner Gegenwart zu geben, da ich unbedingt irgendeine Bestätigung dafür brauchte, nicht allein im Universum zu sein.

In jener Nacht träumte ich von einem Freund aus Kindertagen, der Jahre vorher gestorben war. Sein Name war Michael. In dem Traum saß ich neben diesem Freund und empfand eine allumfassende Ruhe und das Gefühl, dass alles okay war.

Ich glaube, dass Erzengel Michael meinen lieben alten Freund als »Mittelsmann« benutzte, da ich weder vorher noch nachher je von ihm geträumt hatte.

Erzengel Michael sprach zu Eshantie in einer Weise, die ihr Verstand akzeptieren konnte. Er ist machtvoll, doch immer sanft – wenn es also einen Menschen erschrecken könnte, einen Engel zu sehen, schickt er ein Zeichen oder ein Symbol.

Wir sind Michael und den anderen Himmelswesen gegenüber offener, wenn wir schlafen, doch kann es sein, dass wir uns nicht an die Engelvisitationen erinnern, die in diesem Zustand stattfinden. Wir erinnern uns eher an diese Erlebnisse, wenn sie in dem besonderen Zustand zwischen Wachen und Schlafen eintreten, wie es bei Emma Lee Quick der Fall war:

Es war sehr früh am Morgen. Ich war bereits aufgewacht und wollte bald aufstehen. Ich schloss noch ein letztes Mal meine Augen und wurde mir im nächsten Moment eines ungewöhnlichen Gefühls bewusst, wie ich es noch nie erlebt hatte: Ich hatte tatsächlich das Gefühl, als würde ich an die Decke schweben!

Meine Augen waren zwar geschlossen, aber ich war sehr wach. Ich erinnere mich sogar, dass ich dachte: *Das kann doch nicht wahr sein! Ich bin völlig wach und erlebe dieses Gefühl des Schwebens!* Dann hörte ich einige sehr hohe, flatternde Geräusche. Ich hatte den Eindruck, als kämen sie von irgendwelchen höheren Wesen, also fragte ich sie innerlich, was hier vor sich gehe. Obwohl ihre Stimmen nicht wirklich Englisch sprachen, fühlte ich intuitiv ihre Antwort: *Du bist beschützt.*

Schließlich öffnete ich meine Augen. Ich lag auf meinem Bett und merkte, wie das Gefühl langsam verebbte. Dann schlief ich erneut ein. Ich träumte, dass ein dunkelhäutiger Mann im weißen Anzug auf mich zukam. Er sagte mir, dass das kommende Jahr eine große Veränderung bringen würde, doch dass er da sein würde, um mir zu helfen.

Als er gehen wollte, fragte ich ihn nach seinem Namen. Und während er sich immer mehr entfernte, hörte ich: »Michael!«

Als ich aufwachte, lief ich sofort zu meiner Mutter, um ihr zu erzählen, was passiert war. Sie war total aufgeregt. »Vielleicht hat er einen Berufswechsel gemeint!«, sagte sie. »Hoffentlich«, antwortete ich, doch tief in meinem Inneren spürte ich, dass Michaels Zusicherung, er würde mir helfen, mit irgendetwas weniger Erfreulichem zu tun hatte.

Ein paar Monate später wurde bei meiner wundervollen Mutter Leukämie festgestellt, und kurz darauf starb sie. Ich war völlig verzweifelt, denn sie war meine liebste Freundin gewesen. Bald danach zog ich aus unserer Wohnung aus, heiratete und kaufte mit meinem Mann ein Haus: tatsächlich große Veränderungen, wie Erzengel Michael mir in meinem Traum gesagt hatte. Und die ganze Zeit hatte ich das Gefühl, als würde mir jemand helfen und mich immer wieder aufmuntern.

Viele Menschen haben mir berichtet, dass sie Traumvisitationen haben, mit denen sie auf große Veränderungen in ihrem Leben vorbereitet werden, so wie es bei Emma Lee der Fall war. Sie fühlte sich getröstet durch das Wissen, dass Michael bei ihr war und sie während des Sterbens ihrer Mutter und in ihr neues Leben als Ehefrau sicher geführt hatte.

Der Erzengel ist immer bei uns und begleitet uns durch jede angenehme und jede schmerzhafte Erfahrung. Doch wenn das Leben zu stressig wird, stumpfen unsere Sinne ab und es kann sein, dass wir seine Präsenz nicht so stark fühlen. Das ist ein Grund, warum Michael im Traum erscheint, um verzweifelten Menschen zu helfen, da der Geist während des Schlafens ruhiger und empfänglicher ist.

Eine Frau namens Maribel war dankbar für die Traumvisitation des Erzengels, die nicht nur tröstend, sondern auch heilend war. Wenn Sie ihre Geschichte lesen, achten Sie darauf, wie sie Michaels blaues Licht gesehen hat – sogar in ihrem Traum!

Als kleines Mädchen in Lima, Peru, spielte ich mit meinen Freundinnen gerne ein Spiel, das »San Miguel« (Sankt Michael) hieß. Aufgrund irgendeiner spontanen Vereinbarung zwischen uns teilten sich die Kinder aus der Nachbarschaft in zwei Gruppen auf, mit Mädchen und Jungen in jeder Gruppe. Eine Gruppe erklärte sich bereit, die Rolle der »bösen Menschen« zu spielen, während die andere die Rolle der »guten Menschen« übernahm. Während dann die guten Menschen auf dem Bürgersteig saßen und sich unschuldig und heilig aufzuführen versuchten, kamen die Bösen zu ihnen herüber und versuchten, sie zu rauben – das heißt, die böse Gruppe fing an, die gute Gruppe wegzuziehen. Die Guten fingen dann an, laut nach Erzengel Michael zu rufen: »*San Miguel! San Miguel! San Miguel!*« In dem Augenblick kam dann sofort ein Kind, das den Erzengel Michael verkörperte, herbei und rettete die guten Menschen.

Seit jener Zeit habe ich Michael stets als eine Präsenz in meinem Leben empfunden, die mir in jeder gefährlichen Situation hilft.

Einmal hatte ich ein sehr schlimmes Erlebnis.

Nachdem ich gebetet und viele Tränen vergossen hatte, wurde ich vom Schlaf übermannt. Ich träumte, dass ich am Eingang zu meiner Wohnung stand, und als ich nach links blickte, sah ich dort Erzengel Michael stehen. Er war hochgewachsen und strahlte ein herrliches blauweißes Licht aus. Er schien sehr machtvoll, während er da über dem Boden schwebte. In meinem Traum fing ich an zu weinen, da seine Präsenz so stark war, dass sie mich auf der Stelle heilte. Ich erinnere mich an diese Erscheinung, als wäre es gestern gewesen. Es war real, und ich werde es nie vergessen. Es war die allerschönste Segnung, die ich jemals von Gott empfangen habe.

Vor zwei Jahren habe ich eine wunderschöne Statue von Erzengel Michael gekauft, die in meinem Schlafzimmer steht. Ich liebe sie! Er sieht so göttlich und machtvoll aus! Ich *weiß* ohne den geringsten Zweifel, dass Michael immer bei mir ist!

Abgesehen von Traumvisitationen des Erzengels berichten viele Menschen, dass sie Michael sehen, wenn sie entspannt sind, wie zum Beispiel während einer Massage oder beim Meditieren. Wenn wir innerlich ruhig sind, sind wir empfänglicher für die Engel. Wir nehmen ihre feinen Energien und ihre Liebe besser wahr. Cathie McCarthy hatte Kontakt mit Michael, während sie entspannt im Bett lag, doch war nicht *sie* es, die ihn sah, wie aus ihrer Geschichte hervorgeht:

Mein Freund und ich waren gerade aus England nach Arizona gezogen. Wir wohnten bei einem Freund, und ich fühlte mich irgendwie entwurzelt und heimatlos und hatte Angst vor der Zukunft. Ich lag im Bett und rief innerlich Erzengel Michael herbei. Normalerweise sehe ich dann funkelnde violette und blaue Lichter. Doch in dieser Nacht konnte ich zwar seine Gegenwart fühlen, aber keine Lichter sehen. Mein Freund lag friedlich schlafend neben mir nach diesen Tagen des Umziehens und Fahrens. Doch plötzlich sagte er zu mir: »Am Fußende des Bettes steht ein sehr großer Mann! Er sieht aus wie ein Skandinavier oder so ähnlich.«

Mein Freund wusste weder, dass ich mich soeben an Erzengel Michael gewandt hatte, noch wie der Engel aussah. Also bat ich ihn, mir die Erscheinung eingehender zu beschreiben. Er sagte: »Er ist ungefähr 2,50 Meter groß, hat langes blondes Haar und ist sehr muskulös.«

»Trägt er Riemchensandalen?«, fragte ich.

»Ja«, bestätigte mein Freund und sprach dann über die Kleidung des »großen Mannes«. Er beschrieb Erzengel Michael bis aufs i-Tüpfelchen! Ich war so glücklich – es war das erste Mal, dass mein Freund irgendeinen Engel sah oder eine geistige Vision hatte!

Dieses Erlebnis erfüllte uns beide mit Liebe und Zuversicht bezüglich unseres Umzugs in die USA. Wir wussten, dass wir ein schönes Zuhause finden und dass unser gemeinsames Leben in Amerika von Liebe bestimmt sein würde. Wir wussten, dass wir beschützt waren und den Mut hatten, unseren gemeinsamen Weg fortzusetzen, ein Haus zu finden und eine gute Schule für meine beiden Söhne. Nachdem wir Erzengel Michael gesehen hatten, ging alles wie von selbst. Wir fühlten uns geführt und fanden innerhalb einer Woche ein schönes Haus, die beste Schule in der Gegend war einen Katzensprung entfernt, und mein Freund fand sofort einen Job.

Wir danken Erzengel Michael jeden Tag für seine Hilfe und Unterstützung.

Genau wie Cathie und ihr Freund erfahren haben, wird auch Ihr Leben positiver und harmonischer, wenn Sie Michael begegnen. Ihn »richtig« zu sehen ist ein völlig anderes Erlebnis, als eine »Vision« von ihm zu haben, da diese Erfahrung gleichzeitig heilend und tröstend ist.

Viele Menschen beschreiben die Visitationen von Michael als etwas, was sie mit all ihren Sinnen wahrgenommen haben. Sie sehen den Erzengel nicht nur, sondern fühlen sowohl seine physische Berührung als auch, dass sich ihre Herzen vor Freude und Wärme öffnen. So hat es auch Sian Williams erfahren, als sie während einer Meditation Erzengel Michael begegnete:

> Mein Leben lang hatte ich das Gefühl, als sei irgendetwas oder irgendwer bei mir, um mir durch die wirklich schlimmen Zeiten zu helfen. Meine Kindheit war erfüllt von Schmerz und Verlust. Doch habe ich mich nie verlassen gefühlt und immer gespürt, dass es eine Schulter gab, an die ich mich anlehnen konnte, selbst wenn ich nicht wusste, *wessen* Schulter es war.
>
> Eines Tages dann nahm ich an einem Engel-Seminar teil. Ich hatte eigentlich gar nicht hingehen wollen, da es mein einziger arbeitsfreier Tag war. Trotzdem raffte ich mich auf, worüber ich sehr froh bin, denn auf diesem Seminar hatte ich eines der schönsten Erlebnisse meines Lebens. Jeder Teilnehmer an dem Seminar schien alles über Engel zu wissen. *Ich* wusste nur sehr wenig, doch die Atmosphäre in dem Seminarraum war wundervoll. Obwohl es ein kalter Wintermorgen war, fühlte es sich drinnen herrlich warm an.

Während des Seminars meditierten wir viele Male, und bei einer Meditation begegnete mir Erzengel Michael. Er war ein unglaublich gut aussehender Mann mit einem Schwert in der Hand. Ich begann zu weinen, doch meine Tränen waren Tränen der Freude, weil ich endlich wusste, wer mein ganzes Leben lang an meiner Seite gewesen war!

Beim Lesen dieser Geschichten und Beispiele haben Sie vielleicht festgestellt, dass auch Sie schon einmal Erzengel Michael, sein strahlendes Licht oder die Zeichen gesehen haben, die er hinterlässt. Doch Michaels Verbindung mit uns ist nicht nur visueller Natur. Darüber hinaus kommuniziert er mit uns durch gesprochene Worte, vor allem wenn jemand auf die Schnelle klare Führung braucht, wie wir im nächsten Kapitel erfahren werden.

Zweites Kapitel

Sie können Michaels Stimme hören

Von allen Engeln hat Michael die lauteste und klarste Stimme. Er ist fraglos von allen himmlischen Boten am deutlichsten zu vernehmen. Er kommt sofort auf den Punkt, doch immer mit Liebe, oft begleitet von seinem wunderbaren Sinn für Humor.

Ich bin davon überzeugt, dass es Michaels Stimme war, die ich vor und während meines Carjacking-Erlebnisses am 15. Juli 1995 hörte. Er hatte mir vorher genau erklärt, wie ich eine kriminelle Handlung verhüten könne – und als ich nicht auf seine Führung hörte und plötzlich von bewaffneten Auto-dieben angegriffen wurde, die es auf mein Auto und meine Handtasche abgesehen hatten, zeigte Michael mir, was ich tun musste, um heil (mit Auto und Handtasche) davonzukommen.

In Krisensituationen hören Menschen oft Michaels Stimme so laut und klar, als wäre es die einer anderen Person. Sie unterscheidet sich deutlich von der leisen inneren Stimme, die manchmal während des Meditierens zu vernehmen ist. Wenn der Erzengel eine hilfreiche Warnung gibt, ist es unmöglich, seine Stimme für ein inneres Flüstern zu halten – er verschafft sich laut und klar Ausdruck.

Nach allen Erzengel-Geschichten, die ich gelesen oder gehört habe, würde ich sagen, dass Michaels laute Stimme am häufigsten beim Autofahren gehört wird. Seine liebevollen Aufforderungen oder Befehle helfen Fahrern, Unfälle zu vermeiden, seine Gegenwart beruhigt alle. Manchmal scheint seine Führung unlogisch zu sein, wenn er zum Beispiel jemandem sagt, er solle seine Hände vom Steuer nehmen. Doch Michaels Führung ist immer hundert Prozent akkurat und vertrauenswürdig, wie Janca Lesleigh Cox am eigenen Leib erfahren sollte:

Nachdem ich meine Eltern während ihrer Krankheit gepflegt hatte und sie in meinen Armen gestorben waren, beschloss ich, unser Haus zu verlassen und in einem anderen Land ein neues Leben zu beginnen. Also verstaute ich meine Sachen in einem Anhänger, setzte Pippin, meine Katze, in einen speziellen Käfig auf den Rücksitz und meinen kleinen Hund Heidi auf den Beifahrersitz.

Bevor wir die 4000 Kilometer lange Fahrt von Zimbabwe nach Kapstadt begannen, bat ich Erzengel Michael um Schutz, Führung und Gnade. Er war seit vielen Jahren mein zuverlässiger Freund gewesen, daher vertraute ich darauf, dass er auf der langen Fahrt bei mir sein würde.

Im strömenden Regen begannen wir unsere Reise gen Süden. Jeden Tag fuhr ich so lange, wie es die Energie meiner beiden Tiere erlaubte, und fühlte mich stets perfekt zu Hotels geführt, die mitreisende Haustiere akzeptierten.

Die Straße durch die endlose Karoo-Wüste, in der es nichts als Sträucher gab, war schnurgerade und extrem langweilig. Ich hatte weder ein Radio noch einen CD-Player und merkte, wie ich immer wieder kurz wegnickte.

Plötzlich hörte ich eine laute männliche Stimme, die energisch sagte: »Fahr sofort von der Straße runter!« Ich folgte dieser Anweisung ohne nachzudenken, nur Sekunden bevor ein riesiger Laster mit ohrenbetäubendem Lärm in der Fahrbahnmitte an mir vorbeidonnerte!

Es ist ein Jahr her, seit wir diese fünftägige waghalsige Reise unternommen haben, und ich spüre immer noch, dass ich von meinen Engeln und den Erzengeln begleitet und geführt werde. Ich empfinde es als einen großen Segen, dass Michael sich so deutlich zeigte, als ich ihn am meisten brauchte.

Janca konnte wählen, ob sie Michaels Anweisung »Fahr von der Straße runter« folgen wollte oder nicht. Zum Glück sind viele bereit, auf seine dringenden Botschaften zu hören. In einer Krise ähnelt sein Ton dem eines Chirurgen, der eine Krankenschwester auffordert, ihm ein Skalpell zu reichen. Er versucht nicht, herrisch zu sein oder uns Befehle ins Ohr zu bellen sondern möchte er unsere Aufmerksamkeit wecken und uns dazu bringen, aktiv zu werden. Der Erzengel hört sich immer liebevoll und mitfühlend an, während er uns auffordert, lebensrettende Schritte zu ergreifen.

Zuweilen scheinen Michaels Botschaften unlogisch oder unpassend. Eine meiner Lieblingsgeschichten zu diesem Thema stammt von einer Frau namens Sue – die glücklicherweise der Führung des Erzengels Folge leistete. Ihre Entscheidung, ihm zu vertrauen, stellte sich als lebensrettend für sie und ihre Kinder heraus:

Vor vielen Jahren, als ich mit einem gewalttätigen Mann verheiratet war, betete ich jeden Abend zu Gott und Erzengel Michael, mir die Kraft für den nächsten Tag zu geben und einen Weg zu finden, aus dieser Ehehölle auszubrechen. Und jeden Tag entschied ich mich aufs Neue, diese Ehe aufrechtzuerhalten in dem Gedanken, dass meine Kinder eine intakte Familie haben sollten, und der Hoffnung, dass die Dinge sich bessern würden.

Eines Abends beim Beten hörte ich eine männliche Stimme, die sich als Erzengel Michael identifizierte. Er sagte mir klar und deutlich, dass meine Kinder in Gefahr seien und dass ich stark genug sein müsse, die Kinder zu nehmen und meinen Mann zu verlassen. Er erklärte, dass es nicht Gottes Wille sei, dass Ehefrauen misshandelt werden, dass das Herz meines Mannes hart sei, dass er Gott nicht hören könne und nicht aufhören würde, mich und die Kinder zu misshandeln. Ich glaubte Michael jedoch nicht, weil mein Mann bis zu diesem Zeitpunkt nur mich körperlich misshandelt hatte und nicht die Kinder.

Zwei Tage später, als mein Mann wieder einmal anfing, mich zu schlagen, rannte mein dreizehnjähriger Sohn David zum Telefon, um die Polizei anzurufen – doch mein Mann folgte ihm und stieß ihn die Treppe hinunter. Dann lief ich zum Telefon, um den Notruf zu wählen. Doch mein Mann rannte schnell nach draußen und riss das Telefonkabel aus der Wand.

Ich lief zu David hinüber, der Gott sei Dank keine schlimmen Verletzungen erlitten hatte. Er sagte mir, dass er beim Fallen Flügel gesehen habe, die seinen Sturz aufgefangen und verhütet hatten, dass er sich das Genick brach. Die Engel sorgten dafür, dass wir diesen Albtraum relativ unbeschadet überstanden!

Doch der Tag war noch nicht vorüber, und ich brauchte an diesem Abend die Hilfe der Engel noch ein zweites Mal. Wir wohnten in einer ländlichen Gegend, bis zum nächsten Nachbarn waren es fünf Meilen, und mein Mann hatte mir die Autoschlüssel weggenommen. Also begann ich erneut zu beten. Wieder kam Erzengel Michael zu mir und sagte: »Geh hinaus, befestige die Telefondrähte wieder und ruf die Polizei.«

Ich habe keine Ahnung von Telefonverkabelung, doch ich gehorchte ... und es kam mir vor, als hätte ich mein Leben lang nichts anderes getan, als Telefondrähte zu verbinden. Wundersamerweise wusste ich genau, was ich tun musste – es handelte sich ohne Frage um himmlische Intervention. Ich rief die Polizei an, die mich und die Kinder in ein Frauenhaus brachten. Sie fanden meinen Mann und verhafteten ihn.

Erzengel Michael war an diesem Abend zweifelsohne mein göttlicher Beschützer. Ich werde ihm mein Leben lang dankbar sein für seine Hilfe in diesem Albtraum, und ich weiß, dass er uns durch seine Führung gerettet hat.

Einige Zeit später wurde ich geschieden und verspürte nach dieser schmerzhaften Ehe nicht den leisesten Wunsch, eine Beziehung einzugehen. Doch als ich einen Mann traf, der mir sagte, dass

Michael sein Schutzengel sei, wusste ich, dass ich ihm eine Chance geben musste.

Wir sind jetzt seit vier Jahren zusammen, und mein neuer Ehemann ist in vieler Hinsicht genau wie Erzengel Michael – er ist mir und meinen Kindern gegenüber ungeheuer beschützend und liebevoll. Seit Langem beschäftige ich mich mit den Engeln und lerne viel über diese himmlischen Wesen, und heute höre ich immer auf sie, statt zu denken, dass ich es besser weiß.

Wenn Michael uns warnt, lässt er uns jedes Mal zugleich Führung zuteil werden und zeigt uns, was wir tun müssen. Er macht nie beängstigende Aussagen, sondern zeigt uns stattdessen die richtigen Schritte. Und manchmal, wie Carolyn Skalnek entdeckte, muss er nur ein einziges Wort sagen:

Es fing wie ein ganz normaler Abend an, endete jedoch völlig ungewöhnlich. Die Kinder waren schon im Bett, und auch ich wollte gerade schlafen gehen. Ich ging durch den Flur zum Schlafzimmer, schaltete die Lichter aus und überprüfte die Türen. Mein Mann schlief tief und fest, also schlüpfte ich leise zu ihm ins Bett.

Als ich so dalag, müde nach einem langen Tag, sprach ich meine Gebete und bat Gott und Erzengel Michael, meine Familie, unser Zuhause, die ganze Stadt und die Welt zu beschützen. Ich schlief schnell ein, bis mich mitten in der Nacht etwas aufweckte. Verwundert und irritiert setzte ich mich im Bett auf und versuchte herauszufinden, warum ich aufgewacht war. Es dauerte nicht lange, und ich war wieder eingeschlafen, doch kurz darauf hörte ich ein Geräusch, so als hätte etwas gegen das Fenster geschlagen. Es hörte sich an wie die Äste der Kiefer in unserem Garten, doch das war unmöglich, da in dieser Nacht kein Wind ging. Ich horchte zwar noch ein paar Minuten lang, aber es tat sich nichts mehr. Alles blieb ruhig, und so zog ich mir die Decke über den Kopf, machte es mir bequem und schlief wieder ein ... bis ich erneut das Geräusch vernahm. Und noch einmal! Etwas oder jemand schien kräftig an das Fenster zu klopfen. Dieses Mal wachte ich vollends auf und beschloss, meinen Mann zu wecken.

Während wir beide aufrecht im Bett saßen, wiederholte sich das Geräusch nicht mehr, aber dafür passierte etwas ganz Ungewöhnliches: Genau in dem Augenblick, in dem ich ein vertrautes klickendes Geräusch hörte, das aus einem anderen Raum kam, fiel mir das Wort *Trockner* ein. So schnell ich konnte lief ich in den Waschraum. Dort angekommen, erinnerte ich mich, dass ich am Nachmittag den Trockner eingeschaltet hatte! Die darin befindlichen Handtücher waren so heiß, dass man sie nicht anfassen konnte, ohne sich zu verbrennen – sie hatten zwölf Stunden lang auf der höchsten Stufe Zeit zum Trocknen gehabt! Mein Gesicht glühte von der Hitze, die aus dem Trockner strömte.

Wahrscheinlich hätte die Maschine bald Feuer gefangen – ein entsetzlicher Gedanke! Das Schlafzimmer meines Sohnes liegt direkt über dem Waschraum. Während ich an Geschichten von

Leuten denken musste, deren überhitzte Trockner der Grund dafür waren, dass ihre Häuser abbrannten, dankte ich Gott und Erzengel Michael, dass *diese* Geschichte ein glückliches Ende genommen hatte.

Danke, Erzengel Michael! Ich weiß, dass du mir immer beistehst. Ich werde weiterhin um Schutz, Führung und Liebe bitten.

Wie Michael uns Hoffnung und Zuversicht gibt

Michaels Führung hat nicht immer damit zu tun, uns vor Gefahr zu schützen. Sehr oft übermitteln seine hörbaren Botschaften genau dann Hoffnung und Zuversicht, wenn wir sie am meisten brauchen. John Roches Botschaft von Michael half ihm, während einer schweren Erkrankung nicht aufzugeben. Das tröstliche Wissen, dass der Erzengel bei ihm war, trug möglicherweise zu seiner schnellen Genesung bei. John erinnert sich:

Als ich klein war, lehrten meine Eltern mich, Erzengel Michael herbeizurufen – etwas, das mir bis ins Erwachsenenalter eine liebe Gewohnheit blieb. Im Alter von 18 Jahren erkrankte ich an Krebs. Ich ließ mich nicht sofort untersuchen; und als ich schließlich zum Arzt ging, stellte er fest, dass der Krebs sich ausgebreitet hatte.

Im Laufe der nächsten drei Jahre unterzog ich mich mehrmals einer hoch dosierten Chemotherapie, wobei der Krebs einmal zurückging und zweimal wiederkam. Die Chemo (wie jeder, der sie einmal erlebt hat, Ihnen sagen wird) war sehr schwächend und extrem unangenehm. Als der Krebs zum dritten Mal wiederkam, sagte mir mein Arzt, dass eine Knochenmarktransplantation die einzige Rettung für mich sei. Das bedeutete, dass ich mich erneut operieren lassen und noch mehr Chemo ertragen musste. Ich muss wohl nicht erwähnen, dass mich diese Aussicht fast verzweifeln ließ und ich mich fragte, ob ich es dieses Mal überhaupt überleben würde.

Als der Zeitpunkt für die Transplantation schließlich kam, musste ich mich der schwersten Form von Chemotherapie unterziehen, die in diesem Krankenhaus möglich war. Mir ging es während dieser dreitägigen Chemotherapie, in der alle Zellen meines Körpers attackiert wurden, so hundeelend wie nie zuvor. Danach wurde ich auf die Isolierstation verlegt, wo ich drei Wochen lang getrennt von der Außenwelt bleiben sollte. In dieser Zeit fühlte ich mich extrem allein, einsam und hatte große Angst, trotz der besten Bemühungen meiner wundervollen Eltern, mich aufzumuntern.

Das winzige Zimmer auf der Isolierstation maß nicht mehr als vier Quadratmeter, wobei das Bett und die medizinischen Instrumente fast den ganzen Raum einnahmen. Ich fragte mich, wie ich es schaffen sollte, wochenlang in diesem kleinen Zimmer eingesperrt zu sein. Aller Mut verließ mich, und während mir die Tränen übers Gesicht liefen, flehte ich Erzengel Michael an, mir beizustehen.

Im nächsten Augenblick empfand ich ein Gefühl heiterer Gelassenheit und der tiefsten Liebe, die ich in diesem Leben jemals erfahren habe. Eine Stimme in meinem Kopf flüsterte sanft: »Alles ist in Ordnung. Du musst dir um nichts Sorgen machen. Ich bin hier, um über dich zu wachen.«

Ein sicheres Wissen, dass dies der Wahrheit entsprach, erfüllte mich voll und ganz. Alle meine Ängste und die düstere Verzweiflung, die mich einen Augenblick zuvor noch beherrscht hatten, waren verschwunden. Die Tränen liefen mir immer noch übers Gesicht, doch jetzt waren es Tränen der Dankbarkeit. Ich wusste, dass Erzengel Michael an meiner Seite war. Ich konnte ihn zwar nicht sehen, aber das spielte keine Rolle, denn ich war sicher, dass er mich beschützte und mir somit nichts geschehen konnte.

Diese heitere Gelassenheit, Liebe und die Sicherheit, dass ich an jenem Tag Michaels Segen teilhaftig wurde, blieb mir erhalten, bis ich drei Wochen später die Isolierstation verlassen konnte. Die Operation verlief ganz ohne Komplikationen und anschließend genas ich vollkommen vom Krebs. Ich weiß bis im Innersten meines Wesens, dass ich das alles Erzengel Michael zu verdanken habe.

Heute bin ich Mitte dreißig, und wann immer ich Hilfe brauche, wende ich mich an Erzengel Michael. Er ist wahrhaftig mein bester Freund, und ich fühle mich nach wie vor ständig von seiner Energie und Liebe umgeben.

Sie können Michael um eine tröstende Botschaft bitten, indem Sie einfach Ihre Bitte denken oder laut aussprechen. Es spielt keine Rolle, welche Methode Sie wählen oder wie Sie Ihre Bitte formulieren, solange Sie ihn wissen lassen, was Sie brauchen. Manche Menschen – wie zum Beispiel John – hören die Worte. Doch wie wir in späteren Kapiteln erfahren werden, kann es auch sein, dass Sie Michaels Antworten sehen oder fühlen. Es ist sogar möglich, seine Botschaft durch eine andere Person zu empfangen. Wie auch immer, der Erzengel wird Sie wissen lassen, dass er bei Ihnen ist, was allein schon eine sehr beruhigende Botschaft ist.

Michael, der Schutzpatron

Michael hat – genau wie Gott und alle anderen Engel – unbegrenzte Fähigkeiten, uns zu helfen. Er besitzt Zugang zu der hypnotisierenden und unendlichen Kreativität der göttlichen Intelligenz. Daher sind seine Lösungen sowohl unvorhersehbar als auch perfekt auf jede Situation zugeschnitten.

Jerome Stefaniak hat mir die folgende Geschichte erzählt, die Michaels Kreativität und seinen Sinn für Humor zum Ausdruck bringt:

> Bevor ich eine Reise antrete, wende ich mich mit diesem von mir »erfundenen« Gebet an meine himmlischen Freunde:
>
> *Liebe Engel, beschützt mich und mein Auto, während ich heute unterwegs bin. Segnet jeden Menschen und jedes Auto, das heute auf der Straße ist. Und helft uns allen, unser Ziel schnell, sicher, problemlos und heiter zu erreichen.*

Ich fuhr den Highway 10 von Houston nach New Braunfels, als ich merkte, wie ein Wagen dicht hinter mir fuhr und mich anblinkte, damit ich ihn vorbeiließ. Anstatt einen tiefen Atemzug zu nehmen und zur Seite zu fahren, übernahm mein konkurrenzfreudiges Ego die Kontrolle. Die Musik im Radio war laut und hämmernd, und ich war wild entschlossen, mich von diesem Fahrer *nicht* überholen zu lassen.

Der Fahrer wechselte in die andere Spur, fuhr rechts an mir vorbei und scherte dann wieder in meine Spur ein, ohne Rücksicht auf mein Hupen und die Tatsache, dass er beinahe einen Unfall verursacht hatte.

Genau in dem Moment hörte ich über das Hupen und die Musik hinaus den lauten und unverwechselbaren Klang einer Polizeisirene direkt hinter uns.

Oh nein!, dachte ich, als ich schnell das Tempo drosselte. Der andere Wagen fuhr mit unverminderter Geschwindigkeit weiter. Ich schaute in den Rückspiegel: Weit und breit war kein Polizeiauto zu sehen.

Ich erinnerte mich, dass Michael der Schutzpatron der Polizisten ist, daher war ich nicht überrascht, dass er diese äußerst wirkungsvolle Methode gewählt hatte, um mir zu helfen, wieder klar zu denken. Seit diesem Erlebnis fahre ich sehr viel sicherer!

Wie hatte Michael wohl das Geräusch der Sirene erzeugt, das Jerome dazu brachte, sein Tempo zu verlangsamen? Hat er es vielleicht nur in Jeromes Kopf ertönen lassen? Wenn noch andere Personen in seinem Auto gewesen wären, hätten sie die Sirene auch gehört? Dies sind Michaels Geheimnisse, die wir vielleicht nie ergründen werden, von denen wir aber dennoch profitieren.

Jerome glaubte, dass der Erzengel den Klang der Sirene entstehen ließ, weil er der Schutzpatron der Polizei und des Militärs ist. Michael lässt den uniformierten Männern und Frauen Schutz und Führung zuteil werden und verleiht ihnen Mut. Und zuweilen hilft er uns, wenn *wir* diejenigen sind, die mit Polizisten zu tun haben, wie Beverly Wahl feststellte:

> Eines Abends besuchte ich meine Mutter, die in San Diego im Krankenhaus lag. Auf dem Weg zurück nach Los Angeles verfuhr ich mich total, bog an den falschen Ecken ab und versuchte verzweifelt, den Highway zu finden. Plötzlich erschien wie aus dem Nichts ein Polizeibeamter und ließ mich mit Lichtsignalen wissen, dass ich an den Straßenrand fahren und anhalten sollte. Sobald ich die Lichtsignale sah, fragte ich Erzengel Michael, was ich tun solle. Ich hörte deutlich seine Worte: »Sag ihm, dass es dir leid tut, und informiere ihn, dass du dich verfahren hast und Hilfe brauchst.«
>
> Als der Polizist auf mich zukam und mich aufforderte, das Fenster zu öffnen, fragte er mich, warum ich so verdächtig gefahren sei. Er sah sehr streng aus und wollte meinen Führerschein sehen.

Wie Michael mich angewiesen hatte, erwiderte ich, dass es mir leid täte, dass ich mich verfahren hätte und Hilfe brauchte.

Er wurde auf einmal *sehr* mitfühlend und verständnisvoll. Ich bekam keinen Strafzettel, sondern er half mir, die Autobahnauffahrt zu finden, und hielt sogar den Verkehr an, damit ich sicher wenden konnte.

Wow! Danke, Erzengel Michael! Ich habe immer an die Macht der Engel geglaubt, doch dies war nun eine persönliche Bestätigung, die keinen Raum für Zweifel ließ.

Da Michael eng mit der Polizei zusammenarbeitet, kann er Ihnen zeigen, wie Sie sich am besten gegenüber einem Gesetzeshüter verhalten. Achten Sie darauf, dass Beverly erst die Hilfe des Erzengels erhielt, *nachdem* sie ihn um Beistand gebeten hatte. Dies ist ein sehr wichtiger Punkt, den Sie nie vergessen sollten: Wie ich bereits erwähnt habe, kann Michael uns nur helfen, wenn wir ihn darum bitten, da es ihm nicht erlaubt ist, unseren freien Willen zu umgehen.

Die sanftere Seite von Michaels Stimme

Wenn Michael Ihre Aufmerksamkeit besonders schnell braucht, erschallt seine Stimme mit nicht zu überhörender Klarheit. Doch seine Stimme kann auch sehr sanft und leise sein, wenn es erforderlich ist.

Carolyn Kellis Reed hat Michaels Stimme erst gehört, nachdem er sie vor einem Autounfall bewahrt hatte, indem er die Gesetze der Physik aufhob:

Ich fuhr mit meinen drei kleinen Kindern auf einer zweispurigen Landstraße in der Nähe meines Hauses. Zwischen mir und dem Wagen vor mir waren ungefähr zwanzig Meter Abstand, und unsere Geschwindigkeit betrug ca. 65 Stundenkilometer.

Dann sah ich an der Straßenseite einen Kleinwagen, der sich gerade in unsere Spur einzufädeln versuchte. Ich schaute in meinen Rückspiegel und stellte fest, dass niemand hinter mir war. So nahm ich an, der Fahrer würde mich erst vorbeifahren lassen. Entsetzt sah ich jedoch, dass er direkt vor mir in meine Spur einbog! Da der Kleinwagen nur langsam an Tempo gewann, wusste ich, dass ein Zusammenstoß unvermeidlich war!

Ich trat mit voller Wucht auf die Bremse, schloss die Augen und wartete auf den Aufprall. Als ich sie kurz darauf wieder öffnete, befand sich der Wagen mehrere Längen vor mir. Ein Zusammenstoß hatte nicht stattgefunden.

Tatsächlich waren die Gesetze von Zeit und Raum völlig aufgehoben worden! Ich zitterte am ganzen Leib und hörte gleichzeitig eine leise, doch kräftige männliche Stimme in meinem Kopf. Er sagte, er sei Erzengel Michael und dass er die nötigen Veränderungen für mich vorgenommen habe, um einen Unfall zu verhindern. Als ich ihn fragte, wie er das gemacht hätte, erwiderte er, dass er die Bedingungen von Zeit und Raum modifiziert habe, um meine Kinder und mich vor Schaden zu bewahren. Der göttliche Plan sah nicht vor, dass wir zu diesem Zeitpunkt verletzt werden oder ums

Leben kommen sollten, also intervenierte er in unserem Namen. Seit jenem Tag wende ich mich stets an Erzengel Michael, damit er meine Kinder und mich beschützt, wenn wir zusammen mit dem Auto unterwegs sind, und bisher ist uns nie etwas passiert.

Carolyns Situation erforderte Michaels direkte Intervention, obgleich sie nicht um Hilfe gebeten hatte. Ihre Geschichte ist ein Beispiel für die einzige Ausnahme im Hinblick auf das »Gesetz des freien Willens«, wo Gott und die Engel sich in Situationen einmischen, bei denen Lebensgefahr für den Betreffenden besteht, bevor seine Zeit gekommen ist. Daher beschützte Michael Carolyn und ihre drei kleinen Kinder, indem er das einbiegende Auto beschleunigte.

Doch warum rettet der Erzengel dann nicht jeden Menschen vor dem Tod? Das ist eine uralte Frage, auf die wir in diesem Leben vielleicht nie eine eindeutige Antwort bekommen werden.

Meine Theorie ist, dass es für jeden Menschen einen vorbestimmten Zeitpunkt gibt, zu dem er diese Erde verlassen muss. Jeder von uns entscheidet sich vor seiner Geburt für diesen Zeitpunkt in Übereinstimmung mit Gottes höchstem Plan. Vielleicht wählen manche Menschen einen Weg des Leidens, weil sie glauben, dass ihre Seele dadurch wächst.

Wie gesagt, handelt es sich hierbei um dreidimensionale Theorien, die kaum die Oberfläche von Gottes multidimensionalem Universum berühren. Doch was ich mit Sicherheit weiß, ist, dass das Leben vieler Menschen durch göttliche Intervention gerettet wird, und meistens ist es Erzengel Michael, der diese Rettung in die Wege leitet.

Genau wie im Fall von Carolyn klingen die Worte Michaels gelegentlich wie eine sanfte innere Stimme und werden nur lauter, wenn die Betreffenden nicht hinhören (weil sie zum Beispiel gestresst sind oder Angst haben).

Eine Frau namens Melody G. berichtet von einem solchen Erlebnis, das zeigt, wie sie sich in eine sehr gute Zuhörerin verwandelte, da Michael mit sanfter Stimme ihre Aufmerksamkeit zu gewinnen vermochte:

> Auf einem viel befahrenen Highway folgte ich mit ca. 100 Stundenkilometern einem riesigen Laster, als ich eine innere Stimme oder ein Gefühl wahrnahm, das mir sagte, ich solle in die andere Spur überwechseln. Die Stimme drängte mich, den Truck vor mir zu überholen, doch ich hörte nicht auf sie. Plötzlich löste sich ein großes Objekt von dem Laster und schoss auf meine Windschutzscheibe zu. Schnell bat ich Erzengel Michael, mich zu beschützen. Der Gegenstand landete auf der Straße statt auf meiner Windschutzscheibe, Gott sei Dank!
>
> Etwas in meinem Inneren forderte mich auf, an den Straßenrand zu fahren, und dieses Mal hörte ich auf meine Führung! Es gab nicht wirklich Platz zum Parken, doch brachte ich es irgendwie fertig, an die Seite zu fahren und anzuhalten. Und genau in dem Moment platzten alle meine vier Reifen!
>
> Ich dankte Michael, dass er mich beschützt hatte, brauchte aber seine Hilfe noch einmal wegen der Reifenpanne. Kaum hatte ich meine Bitte geäußert, als ein weißer Lastwagen anhielt, dessen

Fahrer ein wahrer Engel war und mir seine Hilfe anbot. Noch einmal Dank, Erzengel Michael, dass du mir Schutz geboten hast.

Wie können Sie mit Sicherheit wissen, dass die innere Stimme von Gott und den Engeln kommt? Wie können Sie unterscheiden, ob Sie sich die Stimme nur einbilden oder es sich dabei um Wunschdenken handelt?

Nun, der Stil wahrer göttlicher Führung unterscheidet sich grundlegend von dem des Ego oder der Imagination. Hier sind einige bezeichnende Eigenschaften, an denen Sie die wahre innere Stimme erkennen können:

Stimme in der zweiten Person:

Wahre göttliche Führung spricht in der zweiten Person zu Ihnen, so als würde ein anderer Mensch zu Ihnen reden. Daher beginnen ihre Sätze mit Worten, die jemand in einem Gespräch mit Ihnen benutzen würde, wie beispielsweise: »Du solltest jetzt sofort die Spur wechseln.« Oder: »Prüf den Luftdruck in deinen Reifen.« Die Imagination meldet sich in der ersten Person, was bedeutet, dass ihre Sätze mit dem Wort »Ich« beginnen, zum Beispiel »Ich sollte die Spur wechseln.« Oder: »Ich sollte den Luftdruck messen.«

Betonung auf Dienst und Dienen:

Die Engel sprechen immer darüber, wie Sie eine Situation verbessern und ein gesünderes Leben mit größerer Integrität führen können. Das Ego betont stets, wie Sie schnell reich werden und sich beliebt machen können, oder irgendetwas anderes Selbstgefälliges. (Die Führung der Engel *kann* zur

Folge haben, dass Sie reich und beliebt werden, doch handelt es sich dabei um eine Nebenwirkung des Befolgens der göttlichen Führung, indem Sie einen Dienst anbieten oder Verbesserungen vornehmen; Reichtum und Beliebtheit sind nicht das Ziel göttlicher Führung.)

Ein Gefühl inneren Friedens:

Wenn Michael und die anderen Engel sich zu Wort melden, wird ihre Stimme von einem Gefühl inneren Friedens begleitet. Menschen, die die Stimme des Erzengels in einer Notsituation hören, erwähnen immer ihre beruhigende Wirkung, die es ihnen erlaubt, in einer Krise klar zu denken und zu handeln.

Im Gegensatz dazu spüren Sie, wenn das Ego spricht, ein Gefühl von Angst, Leere, Nervosität, Heimlichtuerei, Schuld oder irgendeine andere Kraft zehrende Emotion.

Sie klingt wahr:

Wenn Michael oder die Engel sprechen, spüren wir, dass ihre Botschaft wahr ist. Selbst wenn das, was die Engel sagen, unlogisch oder einschüchternd klingt, macht es intuitiv Sinn. Die Botschaften des Ego klingen dagegen hohl.

Praktische Botschaften von Michael

Zwei weitere charakteristische Merkmale der Stimme von Erzengel Michael sind sein wundervoller Sinn für Humor und seine nüchterne, praktische Natur. Tatsächlich sind seine Botschaften niemals aus der Luft gegriffen, sondern immer in seinem Wunsch verankert, unser alltägliches Leben zu verbessern, wie Marcelle Vlasic entdeckte, als die Stimme zu ihm sprach:

> Ich bin professioneller DJ. Eines Tages wollte ich mich mit einem Mikrofonsystem gerade auf den Weg zu einer Hochzeit machen. Es war mir sehr wichtig, rechtzeitig mit meiner Ausrüstung da zu sein, damit die Zeremonie pünktlich beginnen konnte. Doch leider sprang mein Auto nicht an, also bat ich Erzengel Michael um Hilfe.
>
> Ich sagte: »Michael, bitte sorg dafür, dass mein Auto sofort anspringt, damit ich für diesen Job bezahlt werde und den beiden Brautleuten helfen kann.«
>
> Sofort hörte ich eine Stimme: »Ruf das NRMA an.« Damit war der mobile Autoreparatur-Service in Sydney meinte, wo ich lebe. Mir blieben nur noch 40 Minuten, um rechtzeitig zu der Hochzeit am anderen Ende der Stadt zu kommen, daher vertraute ich dieser Führung zunächst nicht. Ich dachte, es würde eine Ewigkeit dauern, bis jemand zu mir nach Hause kommt und mein Auto repariert. Doch noch einmal hörte ich die Aufforderung: »Ruf das NRMA an.« Dieses Mal vertraute

ich der Botschaft und rief an. Innerhalb von fünf Minuten war ein Automechaniker zur Stelle, und nach weiteren fünf Minuten sprang mein Auto an, als wäre nichts gewesen. Darüber hinaus war der Mann überaus freundlich, so als wäre er tatsächlich ein von Gott gesandter Engel! Schnell machte ich mich auf den Weg zum anderen Ende der Stadt und kam rechtzeitig bei der Hochzeit an – ein wirklich »göttliches Timing«!

Bisher habe ich über Michaels visuelle Erscheinung und die Eigenschaften seiner Stimme und seiner Botschaften gesprochen. Das nächste Kapitel beschäftigt sich mit den einzigartigen körperlichen Empfindungen, die Menschen spüren, wenn der Erzengel in der Nähe ist.

Drittes Kapitel

Sie können Michaels Gegenwart spüren

Da Michael so machtvoll und stark ist, leuchtet es ein, dass wir seine Präsenz leicht fühlen können. Außerdem glaube ich, er will uns spüren lassen, dass er bei uns ist, denn es ist überaus beruhigend zu wissen, dass der starke, liebevolle Erzengel über uns wacht und uns beschützt. Aus diesem Grund hat Michael, der wunderbare Engel, natürlich die Fähigkeit, seine Gegenwart wahrnehmbar zu machen.

Unsere Haut ist ein so empfindsames Instrument, das sofort jegliche Veränderung bezüglich Temperatur, Luftdruck und elektrischer Signale wahrnimmt. So wie Sie Spannungen oder Konflikte in einem Raum spüren können, können Sie fühlen, wenn große Liebe oder Macht – wie beispielsweise bei Michael – präsent ist.

Viele Menschen haben mir berichtet, dass sie die Frequenz des Erzengels vor allem dann wahrnehmen, wenn sie ihn um Schutz angerufen haben ... und wie Caz Greene berichtet, geht diese Wahrnehmung mit einem ausgeprägten Gefühl von Sicherheit und Trost einher:

2003 nahm ich an Doreens *Angel Intuitive Course* in Brisbane, Australien, teil. Doreen leitete uns an, Erzengel Michael folgende Frage zu stellen: »Was willst du mich in diesem Moment wissen lassen?« Sofort hörte ich, wie er mich vor der Gefahr auf dem abendlichen Weg zurück zu meinem Hotel warnte. Michael sagte mir, ich solle vorsichtig und wachsam sein und ihn um Schutz anrufen.

Der Rest des Tages war so angefüllt mit Aktivitäten, dass ich auf dem 20-minütigen Weg zu meinem Hotel seine Botschaft völlig vergaß. Ich war allein, und kurz vor meinem Ziel bemerkte ich zu meiner Beunruhigung einen betrunkenen Mann, der auf mich zugewankt kam und dabei einen Mann und eine Frau anpöbelte, die einige Meter vor mir gingen. Der Fremde schrie das Pärchen wütend an.

Ich bekam es mit der Angst zu tun, und als ich sah, dass der Mann direkt auf mich zukam, begann mein Herz zu rasen. Plötzlich erinnerte ich mich an Michaels Warnung und rief ihn bei seinem Namen: »Bitte, Erzengel Michael, komm zu mir und beschütze mich!«

Ich spürte, wie etwas meinen Arm streifte, und empfand eine Welle von Wärme und Kraft. Zudem fühlte ich mich drei Meter größer und einen Meter breiter. Laut fluchend und brüllend kam der betrunkene Mann immer näher. Als er mich beinahe erreicht hatte, sah es so aus, als wolle er mir ins Gesicht schreien und mich packen, doch seine Hände schienen von etwas abzuprallen, das sich ungefähr einen halben Meter vor mir befand!

Der Mann fuhr mit einem Ausdruck des Entsetzens auf seinem Gesicht zurück, bevor er, jetzt nicht mehr fluchend und brüllend, weiterwankte.

Seit jenem Tag habe ich allen erzählt, dass sie sich auf Erzengel Michael verlassen können, wenn sie Schutz brauchen; allerdings müssen sie auch auf seine Anweisungen *hören*!

Teil des von Michael gewährten Schutzes besteht also in dem Gefühl der Sicherheit, das wir empfinden, wenn er bei uns ist. Ich denke nicht, dass der Erzengel irgendetwas Spezielles unternimmt, um uns seine Stärke und Wärme spüren zu lassen. Vielmehr glaube ich, dass seine Gegenwart so extrem macht- und liebevoll ist, dass unsere Nervenenden die außergewöhnliche Schwingung dieses göttlichen Wesens wahrnehmen.

Auf vielen Gemälden wird Michael mit einem Schild dargestellt, der als schützende Barriere dient. Michael schützt uns vor allen Formen der Negativität und sorgt dafür, dass uns nichts geschieht und *wir* uns sicher fühlen. Kate Whorlow konnte den Erzengel und seinen Schild spüren, wie er zu ihrer Rettung kam, nachdem sie ihn um Hilfe angerufen hatte:

Ich war eines Abends auf dem Heimweg, und als ich in meine Straße einbog, spürte ich jemanden hinter mir. Als ich mich kurz umdrehte, sah ich einen Mann, der etwa einen halben Meter hinter mir ging. Ein unangenehmes Gefühl überkam mich, so als würde mir der Mann direkt auf die Pelle rücken. Also flehte ich leise: »Erzengel Michael, ich brauche *jetzt sofort* deine Hilfe! Bitte geh neben mir und beschütze mich auf meinem Weg.«

Kaum hatte ich diese Worte gesagt, fühlte ich Erzengel Michael an meiner Seite, wie er seine Flügel einem Schutzschild gleich um mich legte. Umgehend beruhigte ich mich. Ich ging sehr schnell weiter die Straße hinunter und wagte kaum, mich umzudrehen, bis ich an meinem Haus angelangt war. Dann warf ich einen schnellen Blick zurück: Der Mann war weg. Ich dankte Erzengel Michael für seine Hilfe.

Vielleicht war die ganze Situation völlig harmlos und ich in jener Nacht gar nicht in Gefahr gewesen. Doch indem ich Michael anrief, erhielt ich die Unterstützung und den Schutz, den ich brauchte, um mich sicher zu fühlen.

Michael hüllt uns in seine großen Flügel ein, wie Kate erfuhr. Obwohl er ständig bei uns bleiben wird, wenn wir ihn darum bitten, spüren wir seine starke Präsenz normalerweise erst dann, wenn wir uns in einer Krise an ihn wenden. Dies ist ein weiterer Bereich, in dem der Erzengel absolut Wunderbares leistet: Er besitzt die Fähigkeit, umgehend Nerven zu beruhigen und Herzen zu besänftigen.

Seine strahlende Liebe schaltet uns vom sympathischen Nervensystem (der angespannten und alarmbereiten Kampf- oder Fluchtreaktion) auf das vegetative Nervensystem um (wo wir entspannt sind und klarer denken können).

Michael half Karen Forrest, ruhig zu bleiben und einen Unfall zu vermeiden, als ein Auto direkt auf sie zufuhr:

Als Offizierin der kanadischen Armee habe ich keine Probleme damit, Erzengel Michael (Schutzheiliger des Militärs) um Schutz und Mut zu bitten. Und genau das tat ich, als ich – wieder einmal – an eine andere Marinebasis versetzt wurde.

Während ich mit meinem Mann zum Flughafen von Ottawa fuhr, um nach Halifax, Neuschottland, zu fliegen (meinem neuesten Stützpunkt), bat ich Erzengel Michael, uns auf unserer zweistündigen Fahrt zu beschützen. Wir hatten die Hälfte des Weges zurückgelegt, und ich fuhr mit einer Geschwindigkeit von ca. 120 Stundenkilometern, als ich bemerkte, wie der Kleintransporter vor mir überraschend auf den Seitenstreifen ausscherte. Ich wusste nicht, warum er so plötzlich und bei so hoher Geschwindigkeit an die Seite fuhr – bis ich einen Wagen sah, der direkt auf mich zukam! Er überholte auf unverantwortliche Weise einen Laster mit Anhänger und fuhr in vollem Tempo frontal auf uns zu!

Sofort rief ich Erzengel Michael um Hilfe an, damit er uns alle beschützt. Als ich gerade auf den Seitenstreifen ausweichen wollte, vernahm ich Erzengel Michaels beruhigende Stimme: »Hab keine Angst, Karen. Ich nehme das Steuer deines Wagens und werde für dich fahren. Es wird euch nichts geschehen.«

Im selben Augenblick fühlte ich, wie eine Welle der Ruhe mich einhüllte (obwohl ein Auto auf mich zugefahren kam), und spürte Erzengel Michaels Gegenwart, als er begann, meinen Wagen sicher und auf wundersame Weise in die richtige Richtung zu steuern und dem herannahenden Wagen sowie dem Laster auszuweichen, den er überholte.

Wie durch ein Wunder kam niemand zu Schaden. Der Fahrer vor mir gewann die Kontrolle über seinen Wagen zurück, nachdem er auf den Seitenstreifen ausgeschert war. Ich verhinderte einen möglicherweise tödlichen Frontalzusammenstoß, auch dem Wagen hinter mir passierte nichts, der Lastwagen verlor nicht die Kontrolle, und der Mann, der das gefährliche Überholmanöver gestartet hatte, kam nicht von der Straße ab und verursachte keinen Unfall!

Mein Mann, Wayne, saß neben mir und war fassungslos, wie gelassen ich geblieben war, während ich uns aus der Gefahrenzone herausmanövrierte. Natürlich wusste er in dem Moment nicht, dass ich absolutes Vertrauen in Erzengel Michaels Fähigkeit hatte, meinen Wagen zu steuern!

Danke, Michael, dass du uns alle in einer sehr erschreckenden und gefährlichen Situation beschützt hast!

Karen beschreibt, wie Michael ihr Auto in Sicherheit brachte – eine Erfahrung, von der auch andere berichtet haben. Viele Leute sagen, dass sie – nachdem sie den Himmel um Hilfe gebeten hatten, um einen Unfall zu vermeiden – eine Stimme hörten, die sagte: »Nimm deine Hände vom Steuer«, und dann voller Dankbarkeit und Erstaunen Zeuge wurden, wie unsichtbare Hände das Auto aus der Gefahrenzone steuerten.

Auch wenn Sheryl Groen nicht angewiesen wurde, das Steuer loszulassen, so empfing sie dennoch zweifellos Hilfe von Michael bei dem Versuch, ihr Auto über eine vereiste Brücke zu steuern:

Ich wohne im Zentrum von Iowa, das für seine extremen Wetterschwankungen berühmt ist. Darüber hinaus gibt es bei uns eine Kombination von Nebel und Glatteis, die äußerst heimtückisch ist. Man kann Glatteis nur schwer erkennen, und wenn Sie erst einmal darauf sind, ist es zu spät, das Tempo zu drosseln.

Jeden Morgen, bevor ich zur Arbeit fahre, bitte ich den Erzengel um Schutz. An diesem bestimmten Tag war der Himmel wolkenverhangen und dunkel, und alle paar Kilometer fuhr ich durch dichte Nebelwände. Als ich zu einer Brücke kam, hörte ich eine sehr klare Stimme sagen: »Pass auf der Brücke auf.« Ich verlangsamte das Tempo, bemerkte jedoch nichts Ungewöhnliches.

Während ich weiterfuhr, fiel mir auf, dass die Oberfläche der Straße nass wurde, also fuhr ich wieder langsamer. Kurz vor einer anderen Brücke kamen mir die gleichen Worte in den Sinn: »Pass auf der Brücke auf.« Diese zweite Brücke war leicht erhöht und lag unter einer dichten Nebeldecke. Ich konnte nicht sehen, wo die Straße begann und wo sie endete. Selbst meine normalen Landmarken waren von Nebel verdeckt. Sobald ich auf der Brücke war, bemerkte ich das Glatteis auf der Oberfläche. Als ich aufschaute, lichtete sich der Nebel lange genug, um ein Auto zu erkennen, das quer auf meiner Spur zum Halten gekommen war, sowie ein anderes, das neben der Leitplanke stand. Überall lagen Trümmer herum, und zwischen den beiden Wagen standen zwei Personen und riefen: »Stopp! Stopp!« Es gab keinen Platz zum Parken und ich wusste, dass es mir nicht möglich war, auf dem Eis zu bremsen. Ich sagte laut: »Engel, helft mir!« Im nächsten Moment übernahm jemand die Kontrolle über mein Steuerrad und fuhr meinen Wagen – wie ein professioneller Rennfahrer – um die liegen gebliebenen Fahrzeuge, die Personen, die Trümmer und Glasscherben herum. Ein Gefühl des Friedens erfüllte mein Herz und ich wusste, dass ich mich in sehr fähigen Händen befand.

Mein Auto geriet nicht ins Schleudern, und auch meine Reifen überstanden das Abenteuer unbeschadet. Die Engel manövrierten meinen Wagen um jedes Hindernis herum, so als wäre es ein kostbares Stück Chinaporzellan. Und dann schwebte mein Wagen genauso sanft aus dem Nebel heraus, von der Brücke hinunter und zurück in meine ursprüngliche Spur – ohne dass mein Auto oder ich auch nur einen Kratzer davongetragen hatten.

Danke, Erzengel Michael. Was würde ich ohne dich tun?

Auch die folgende Geschichte ist ein Szenario, von dem mir oft berichtet wird. Manchmal kann Michael einen Unfall zwar nicht vermeiden (oder tut es nicht), aber er kann uns dennoch beschützen, damit uns nichts passiert, wie es einer Frau namens Liliana widerfuhr:

Ich war auf dem Weg ins Büro, als mich ein zu schnell fahrender Wagen seitlich rammte. Mein Auto begann sich um die eigene Achse zu drehen, doch aus irgendeinem Grund hatte ich keine Angst. Ich rief nur einfach aus: »Bitte, hilf mir!«, und hatte sogleich das Gefühl, als würde mich jemand umfangen oder festhalten.

Dann krachte ich gegen einen Laternenpfahl.

Als mein Auto zum Stillstand kam, sah ich, dass die rechte Seite ganz eingedrückt war, so als wäre sie um den Baum herumgewickelt. Ich war bei Bewusstsein und in der Lage, allein auszusteigen. Als ich mein völlig kaputtes Auto betrachtete, konnte ich es kaum fassen, dass ich nur mit kleinen Schnittwunden an den Händen davongekommen war.

Das Schönste war, dass ich am nächsten Morgen beim Duschen ein paar Abdrücke an meiner Schulter bemerkte. Sie sahen aus wie Fingerabdrücke. Ich bin sicher, dass Gott Erzengel Michael geschickt hatte, um mich zu beschützen. Michael umklammerte mich so fest, dass seine Fingerabdrücke auf meinem Körper zurückblieben!

Michaels strahlende Hitze

Die meisten Abbildungen von Michael zeigen ein strahlendes Licht, das von seinem Schwert ausgeht. Ich glaube, dass es sich dabei um den Einfall des Malers handelt, die ungeheure Hitze darzustellen, die von diesem Engel ausgeht. Einer Sonnengottheit vergleichbar, besitzt Michael Energie, die aussieht wie Sonnenstrahlen und sich genauso anfühlt.

Menschen, die Michael begegnet sind, berichten fast ausnahmslos, dass sie Wärme oder Hitze empfunden haben.

Einige beginnen zu schwitzen, und viele Frauen haben mir erzählt, dass sie glaubten, Hitzewallungen zu haben – unabhängig von ihrem Alter!

Isabelle Hannich hat sogar erlebt, wie Michaels Gegenwart sie bei einem kalten Morgenspaziergang wärmte:

> Ich habe gehört, dass man weiß, dass Erzengel Michael in der Nähe ist, wenn einem ohne ersichtlichen Grund plötzlich heiß wird. Vor einiger Zeit nahm ich an einer Konferenz in einer anderen Stadt teil und beschloss, einen Morgenspaziergang zu machen. Es war noch dunkel, als ich mein Hotel verließ und zum Strand ging, um zu meditieren und den Sonnenaufgang zu beobachten. Sobald ich aus der Tür trat, fragte ich mich auch schon, ob es eine so gute Idee war, allein spazieren zu gehen. Also bat ich Erzengel Michael um Schutz.
>
> Als ich am Strand ankam und meine Schuhe auszog, merkte ich, dass mir heiß war. Angesichts der Tatsache, dass es fünf Uhr früh war, fand ich das ungewöhnlich, denn es war weder warm draußen noch war der Weg anstrengend gewesen. In diesem Augenblick wurde mir klar, dass diese Hitze nichts mit der Lufttemperatur zu tun hatte, sondern dass Erzengel Michael mir auf diese Weise zeigte, dass er meine Gebete gehört hatte und mich beschützte.

Isabelles Geschichte zeigt Michaels praktische Seite! Doch meistens besteht seine Aufgabe darin, für unsere Sicherheit und die unserer Lieben zu sorgen.

Die folgende Geschichte von Belinda V. Herrera illustriert, wie der Erzengel Sie in Sicherheit bringen kann, wenn Sie nur seiner Hitze folgen:

Ich hatte schon viele Erlebnisse mit Erzengel Michael, doch eines bringt mich noch heute zum Staunen! Ich habe aus Doreens Arbeit gelernt, dass man eine starke Wärme spürt, wenn Michael in der Nähe ist. Dieses Wissen sollte sich als sehr wertvoll herausstellen!

Ich hatte gerade die Außenseite meines Hauses neu anstreichen lassen. Am Abend schaltete ich das Außenlicht ein, ohne zu wissen, dass die Maler die Plastiktüten, mit denen die Lampen abgedeckt waren, noch nicht entfernt hatten. Das war der Moment, als ich eine Hitzewelle um mich herum wahrnahm, die ich als Erzengel Michael erkannte. Ich fühlte mich angeleitet, nach draußen zu gehen, so als sollte ich dieser Wärme folgen.

Draußen spürte ich überall um mich herum Hitze, vor allem rechts von mir. Ich fächelte mir mit den Händen Luft zu, während ich in die Richtung ging, wo die Temperatur am höchsten war. Ich wusste, dass irgendetwas nicht stimmte, weil die Hitze mich zu einem bestimmten Ort führte. Ich war ein wenig verwirrt – ich konnte mir das Ganze nicht erklären. Zu meiner Überraschung zog Erzengel Michael mich zu der Ziegelwand, die sich sehr heiß anfühlte. Die Hitze stieg an der Mauer empor, also schaute ich hinauf.

Nun, Michael hatte mich hierher geführt, damit ich sehen konnte, dass die Plastiktüten, die um die Außenlampen gebunden waren, Feuer fingen. Rauch drang aus den Tüten, und sie fingen an zu brennen. Ich wusste, dass Erzengel Michael mich gedrängt hatte, hinauszugehen und nach oben zu schauen, damit ich merkte, was los war.

Sofort schaltete ich die Beleuchtung aus und entfernte die Plastiktüten. Während ich damit beschäftigt war, kamen mir die Tränen, und ich dankte Michael von ganzem Herzen für seine Warnung. Wäre er nicht gewesen, wäre mein Haus wahrscheinlich in Brand geraten, während mein Mann, meine Kinder und ich schliefen.

Dieses Erlebnis werde ich nie im Leben vergessen. Ich bin der geistigen Welt und Erzengel Michael zutiefst dankbar. Er schickt uns immer Botschaften und macht seine Präsenz spürbar, besonders in lebensbedrohlichen Situationen. Wir müssen einfach nur innehalten und auf diese innere Führung hören.

Ich möchte Belindas letzten Satz wiederholen und noch einmal betonen: »Wir müssen nur innehalten und auf diese innere Führung hören.« Auch wenn Michael in der Lage ist, uns zu helfen, zu führen und zu beschützen – so müssen wir ihm doch auf halbem Weg entgegenkommen, indem wir auf die Botschaften achten, die wir von ihm über Visionen, Worte und Gefühle empfangen.

Aufgrund seines blauen oder purpurnen funkelnden Lichtes, seiner liebevollen, nüchternen Ausdrucksweise, der beruhigenden Wirkung, die er ausübt, und der Hitze, die von ihm ausgeht, können wir jedes Mal sicher sein, dass es Michael ist, der uns führt.

Im nächsten Kapitel werden wir darauf eingehen, auf welch erstaunliche Weise Michael Schutz bietet, einschließlich seiner Fähigkeit, die physischen »Gesetze« der Schwerkraft sowie von Zeit und Raum außer Kraft zu setzen.

Viertes Kapitel

Michael,
der göttliche Beschützer

Mehr als alles andere ist Michael bekannt als der Engel, der rettet, beschützt und für unsere Sicherheit sorgt. Er wird stets als Krieger dargestellt, wenn auch ein sehr friedlicher und liebevoller Krieger. Da ich so viele Geschichten über Erzengel Michaels wunderbaren Schutz höre und lese, bin ich überzeugt: Er ist das Modell für Superhelden, das Schriftstellern als Inspiration dient!

Wie Sie nachfolgend lesen werden, kann Michael zum Beispiel problemlos mit einem einzigen Sprung hohe Gebäude überwinden. Tatsächlich bietet dieses Kapitel viele Beweise dafür, dass dem Erzengel in seinen Fähigkeiten, uns zu helfen, überhaupt keine Grenzen gesetzt sind! Das ist wahrscheinlich der Grund, warum er uns unentwegt versichert, dass es nichts gibt, wovor wir uns fürchten müssen, denn er ist an unserer Seite und beschützt uns alle.

Michael setzt die Gesetze der Physik außer Kraft

Da Engel keine physischen Körper haben, sind sie völlig frei von den Einschränkungen der Schwerkraft, Zeit und anderer Aspekte der physikalischen Gesetze. Beispielsweise kann Erzengel Michael sowohl von einer Sekunde auf die andere ein Automobil von Punkt A nach Punkt B bewegen als auch die Zeit anhalten. Er führt diese göttliche Magie im Bedarfsfall durch, um Leben zu retten. Die Berichte in diesem Kapitel dürften jegliche Zweifel, was Michaels wundersame Präsenz und Fähigkeiten betrifft, ein für alle Mal beseitigen.

Eine Frau namens Sandra ist sich absolut sicher, dass ihr Leben durch die Intervention des Erzengels gerettet wurde, da es keine andere Erklärung gibt, wie ihr außer Kontrolle geratenes Auto plötzlich von selbst die Fahrtrichtung wechselte:

> Mein Bruder, meine Schwägerin und ich beschlossen in der Vorweihnachtszeit, unsere Tante und unseren Onkel zu besuchen. Die Straßen waren streckenweise vereist, doch uns war nicht klar, wie heimtückisch sie wirklich waren. Als wir auf den Highway einbogen, bat ich meinen Bruder, das Tempo zu drosseln, doch er meinte, dass er vorsichtig fahren würde. Wir kamen an ein paar vereiste Stellen, gerieten hier und da ein wenig ins Schleudern, doch er verringerte sein Tempo nicht. Er war stolz darauf, seit Jahren Lastwagenfahrer zu sein und noch nie einen Unfall verursacht zu haben. Er wusste tatsächlich gut mit den riesigen

Trucks umzugehen, doch jetzt waren wir in einem kleinen Auto unterwegs.

Das Nächste, woran ich mich erinnere, ist, dass wir über die beiden Spuren auf unserer Seite des ungeteilten Highways schlingerten und dabei waren, in den entgegenkommenden Verkehr zu rasen. Das Auto war ein Zweitürer, und ich saß hinten. Meine Schwägerin, die keinen Führerschein hatte, versuchte, das Steuerrad zu packen, während wir uns immer weiter um die eigene Achse drehten.

Während sich der Wagen weiterdrehte, sah ich einen Laster mit Anhänger, der den Hügel herunterfuhr. Wir waren am Fuß des Hügels, und mit jeder Drehung kam der Laster näher. Ich begann zu beten und Erzengel Michael um Schutz zu bitten – und dann schlitterte unser Wagen wie durch ein Wunder blitzschnell zurück auf unsere Seite des Highways und kam auf dem Seitenstreifen in einer weichen Schneewehe zum Stehen.

Danke, Erzengel Michael! Kaum waren wir zum Stehen gekommen, als ich den Riesenlaster mit lautem Hupen an uns vorbeidonnern hörte! Mit Sicherheit war auch der Lkw-Fahrer erschüttert, denn wir hätten alle tot sein können. Wir rammten keinen Wagen, niemand rammte uns, und ich kann bis heute nicht erklären, wie es möglich war, dass unser Auto aus der Gefahrenzone in die ursprüngliche Richtung zurückkatapultiert wurde – außer dass die Engel hilfreich interveniert hatten!

Als wir uns, noch immer zitternd, langsam wieder auf den Weg zu unseren Verwandten machten, sahen wir hier und da Autos in den Straßengräben zu beiden Seiten des Highways; sogar ein großer Truck war von der Straße abgekommen und in den Fluss gestürzt. Wir hatten wirklich sehr viel Glück gehabt.

Ich bewundere Sandra sehr, dass sie die Geistesgegenwart besaß, zu beten und Michael um Schutz in dieser gefährlichen Situation zu bitten! Diese Geschichte ist eine wunderbare Mahnung, dass Beten der beste Schutz ist, wenn man sich mitten in einer Krise befindet. Wahrscheinlich ist es eine gute Idee, sich vor einer Notsituation das Beten anzugewöhnen, damit es im Bedarfsfall zur zweiten Natur wird, zu sagen: »Michael, bitte hilf mir!«, statt die erschreckenden Umstände zu verfluchen oder in Panik zu geraten.

Die folgende Geschichte, die mir eine Frau namens Amber geschickt hat, erinnert mich an einen Lieblingsfilm in meiner Kindheit, *Der fliegende Pauker*, in dem Fred MacMurrays Charakter eine Substanz entwickelt, mit deren Hilfe er sein Auto wie ein Flugzeug fliegen lassen kann:

Als mein Mann lebensgefährlich erkrankte, fand ich zur Spiritualität, und dazu gehörte der Kontakt mit Engeln. Dieser Kontakt erwies sich als lebensrettend! Eines Tages fuhr ich mit meiner Tochter auf einer Landstraße und näherte mich einer Kreuzung, als ein anderes Auto in unsere Spur ausscherte. Es war völlig klar, dass keiner von uns schnell genug anhalten konnte, um einen Aufprall zu verhindern. In jenen wenigen kostbaren Sekunden, die noch blieben, war das Einzige, woran ich denken konnte, dass wir alle sterben würden. Voller Entsetzen wurde mir klar, dass mein Mann allein, ohne uns, sterben würde, aber dass wir im Tod alle wieder vereint sein würden – mein Mann, meine Tochter und ich.

Ich weiß nicht, wie viel Zeit verstrich von der Sekunde, in der mir klar wurde, dass es zu einem Zusammenprall kommen würde, bis zu dem Moment, in dem etwas wahrhaft Unglaubliches geschah, doch es muss beinahe im gleichen Augenblick gewesen sein. Als ich mich innerlich auf den Zusammenstoß vorbereitete, fühlte ich plötzlich, dass mein Auto »flog« – es schien hochgehoben worden zu sein und irgendwie sicher weiterzufahren. Das alles geschah sehr schnell, und ich konnte weder glauben noch begreifen, was da passierte.

Währenddessen herrschte völlige Stille, beinahe so, als würde die Zeit stillstehen. In der nächsten Sekunde wurde ich mir wieder meiner Umgebung bewusst und fuhr weiter den Highway hinunter nach Hause. Seitdem habe ich mir dieses Wunder immer wieder vor Augen geführt und zu verstehen versucht, was da geschehen war.

Ich kann nicht sagen, dass ich in dem Moment, als meine Tochter und ich gerettet wurden, einen Engel gesehen habe, doch spürte ich deutlich eine himmlische Präsenz, die eine machtvolle Energie schützender Liebe ausstrahlte. Ich glaube, dass Erzengel Michael bei uns war.

Heute weiß ich, dass der Tod meines Mannes nach einem vollendeten Leben hier den Übergang von der Erde zu unserem wahren Heim in der

Unendlichkeit darstellte. Gleichzeitig war sein Tod die Geburt meines spirituellen Bewusstseins und der Beginn einer neuen Reise mit dem Ziel, meine Lebensaufgabe zu finden. Mein Leben ist von der Schönheit der Engel berührt worden, die mich nie zu verlassen scheinen.

Wenn ich heute mit dem Auto fahre, sehe ich aus dem Augenwinkel – oder manchmal vor meinem inneren Auge – drei sehr hochgewachsene Engel auf der Rückbank. Sie scheinen zusammengedrängt dazusitzen, so als hätten sie nicht genug Platz für ihre Flügel. Dieser Anblick ist einfach herrlich und berührt mich jedes Mal zutiefst. Tatsächlich muss ich oft laut lachen, weil dieses Bild zu lustig ist. Erlebnisse dieser Art bestärken mich in meiner Hoffnung auf das Jenseits, wo wir alle mit unseren Lieben wiedervereint sein werden.

Wenngleich Engel Flügel zu haben scheinen, verwenden sie sie nicht wie Vögel, um zu fliegen. Jedoch können sie auf eine Art »fliegen«, indem sie umgehend überall da präsent sind, wo sie gebraucht werden. Und als unbegrenzte, nicht-physische Wesen können Engel wie Michael bei unzähligen Menschen gleichzeitig sein. Sie bringen die Bilokation (das gleichzeitige Erscheinen an zwei Orten) auf eine ganz neue Ebene!

Angesichts der Fähigkeiten der Engel, sich über die Schwerkraft hinwegzusetzen, sollten uns Geschichten wie die von Mary Pulvano nicht überraschen. Denn wenn sie fliegen können, warum sollten sie nicht fähig sein, ein Automobil hochzuheben und an einen anderen Ort zu bringen?

Ich hatte erst vor Kurzem meinen Führerschein gemacht, und so wie jeder andere junge Mensch fuhr ich etwas schneller als nötig. Eines Abends war ich auf dem Heimweg und wartete an einer verkehrsreichen Kreuzung darauf, dass die Ampel grün wurde. Im nächsten Moment drückte ich meinen Fuß aufs Gas und brauste los.

Was dann geschah, ist mir bis heute ein Rätsel. Ich erinnere mich nur noch daran, dass ich in diese viel befahrene Straße einbog, die Kontrolle über den Wagen verlor und auf die gegenüberliegende Spur, direkt auf entgegenkommende Autos und eine Straßenbahn zuraste! Ich dachte, mein Ende stünde bevor, also schloss ich meine Augen und flehte: »Erzengel Michael, bitte hilf mir!«

Das Nächste, woran ich mich erinnere, war, dass ich die Augen wieder öffnete und nicht fassen konnte, was ich sah: Irgendwie war mein Wagen dem entgegenkommenden Verkehr einschließlich der Straßenbahn ausgewichen und auf dem gegenüberliegenden Bürgersteig zum Stehen gekommen! Er hatte nicht einmal einen Kratzer abbekommen, und glücklicherweise waren zu dem Zeitpunkt keine Fußgänger unterwegs. Ich glaube, dass Erzengel Michael mich an jenem Tag gerettet hat, weil meine Zeit noch nicht gekommen war. Heute ist er immer an meiner Seite!

Michael kann nicht nur von einer Sekunde auf die andere Autos an einen anderen Ort befördern und sie fliegen lassen, sondern auch die Richtung eines Frontalzusammenstoßes ändern, wie es einem Mann namens J. L. Williams widerfuhr:

Wenn ich reise, bitte ich immer Erzengel Michael um seinen Schutz.

Eines Tages, als ich auf der Autobahn gerade einen Lastwagen überholen wollte, spürte ich plötzlich den inneren Drang, mich an Michael zu wenden. Kaum hatte ich mein Gebet zu Ende gesprochen, als der Anhänger des Lasters direkt vor mir sich zu überschlagen begann! Im nächsten Moment war es, als hätte eine riesige Hand den Anhänger gepackt und ihn wieder aufgerichtet. Weil ich auf das innere Drängen gehört und gebetet habe, bin ich heute noch da und kann von diesem Erlebnis berichten.

Ich habe nicht den geringsten Zweifel daran, dass Erzengel Michael es war, der mich beschützte.

Beim Lesen der Geschichte von J. L. kann ich seine Ehrfurcht angesichts dieser Erfahrung förmlich spüren. Und so sehr Michaels Fähigkeiten übernatürlich erscheinen, es besteht durchaus die Möglichkeit, dass er uns damit einen flüchtigen Blick in noch schlummerndes menschliches Potenzial ermöglicht. Ich würde liebend gerne sehen, wie Physiker und andere Wissenschaftler diese Erlebnisse mit Michael erforschen, da sie wahrscheinlich Hinweise auf Levitation und andere Fähigkeiten bereithalten, die für uns alle von Nutzen sein können.

Der nächste Bericht von Jeanna Lejk mag Tierliebhaber zusammenzucken lassen; doch sorgen Sie sich bitte nicht, denn ich glaube, dass Erzengel Michael nicht nur über Jeanna wachte, sondern auch über den involvierten Hirsch. Der Erzengel sorgt für die Sicherheit von Menschen und Tieren, und bei seinen wundersamen Fähigkeiten bin ich sicher, dass er auch dem Wild umfassenden Schutz geboten hat:

Ich liebe es, den einstündigen Weg ins Büro und wieder nach Hause nicht auf der Autobahn, sondern auf der wesentlich schöneren Landstraße zurückzulegen, obgleich mein Freund und meine Familie sich oft Sorgen um meine Sicherheit machen. Doch bete ich jedes Mal vorher und bitte Erzengel Michael, mich und mein Auto zu beschützen, daher fühle ich mich immer ganz unbeschwert und genieße die schöne Fahrt. Die zweispurige Straße hat viele gefährliche Klippen und scharfe Kurven, doch ich konzentriere mich stets auf den Anblick der Bäume, Felder und Berge.

Eines Abends fuhr ich mit circa 80 Stundenkilometern die Straße entlang, im Radio lief Musik, und ich fragte mich, was es wohl zum Abendessen geben würde. Kurz vor einer scharfen Kurve sah ich plötzlich einen großen Hirsch, der auf meiner Spur stand, den Kopf hob und mich anstarrte. Schnell überdachte ich meine Möglichkeiten: ein steil abfallender Hang zu meiner Rechten, die entgegenkommende Spur und ein Hügel zu meiner Linken. Ich hatte keine Zeit zu reagieren, da alles so schnell ging – schon hatte ich das arme Tier angefahren, worauf mein Wagen auf den losen Schotter und auf den Abhang zu schlingerte!

Plötzlich hatte ich das Gefühl, als würde jemand meinen Wagen in meine Spur zurückschieben. Das Einzige, woran ich mich klar erinnern kann, ist die unglaubliche Kraft, die ich spürte. Im nächsten Moment war ich samt Auto wieder auf der Straße, so als hätte ich nie die Kontrolle verloren. Ich betete, dass niemand anders das Tier anfahren und es unverletzt sein möge. Auch wenn mein Wagen erheblich beschädigt worden war, gelang es mir, sicher nach Hause zu fahren. Danke, Erzengel Michael, für deine ständige Präsenz in unserem Leben!

Diese Geschichten erinnern mich immer wieder daran, dass der Himmel uns auf vielfältige, kreative Weise hilft. Wenn Sie um Beistand bitten, lassen Sie alle Sorgen und Erwartungen darüber los, *wie* Ihr Gebet beantwortet wird, da sich die Methode, die eingesetzt wird, möglicherweise nicht mit normaler Logik erklären lässt.

Mit Michaels Hilfe sind Sie vollkommen sicher und beschützt

Michaels wunderbare Kräfte und seine Fähigkeit, die Schwerkraft aufzuheben, beschränken sich nicht darauf, Fahrzeuge zu manipulieren. Darüber hinaus schützt er uns, indem er die Quelle unserer Angst verändert, beseitigt oder blockiert. Egal, in welcher Situation wir uns befinden, Michael kann uns beschützen, wie Brenda L. Hann feststellte:

Ich wohne in einem Appartementhaus in Los Angeles, das kein Parkhaus hat. Eines Abends parkte ich mein Auto auf der Straße und war auf dem Weg zu meiner Wohnung, als ich einen großen Schäferhund sah, der den Hauseingang blockierte. Je näher ich kam, desto angespannter schien der Hund zu sein, und er nahm eine Angriffshaltung ein. Seine Augen hatte er starr auf mich gerichtet und die Ohren angelegt, was ihm einen Angst einflößenden Ausdruck verlieh. Er war ziemlich groß, wahrscheinlich größer als ich, wenn er sich auf seine langen Hinterbeine stellen würde.

Als ich ungefähr eineinhalb Meter von ihm entfernt war, wurde der Hund richtig aggressiv. Er begann zu knurren und angriffslustig zu bellen mit angelegten Ohren. In dem Moment, als ich glaubte, er würde sich gleich auf mich stürzen, rief ich innerlich: *Michael!* Als Nächstes passierte etwas völlig Verblüffendes: Alle Geräusche und Bewegungen hörten auf, und der Hund sprang vom Bürgersteig zurück auf die Straße, wo er einen Moment lang weiterhin wie verrückt bellte, bevor er schließlich weglief!

Ich ging auf den Eingang zu und betete zu Michael, er möge den Hund von mir fernhalten. Sobald ich im Haus war und die Tür geschlossen hatte, merkte ich, dass meine Hände zitterten und meine Knie sich wie Gummi anfühlten. Ich glaube fest, dass der Erzengel interveniert und den Hund dazu gebracht hat, wegzulaufen. In meiner Wohnung zündete ich eine Kerze für Michael an, in Anerkennung seiner Präsenz und um ihm für seine Hilfe zu danken.

Ganz besonders liebe ich an Brendas Geschichte, dass sie ein perfektes Beispiel dafür ist, wie sich die Hilfe des Erzengels über die uns bekannte Logik hinwegsetzt. Das ist der Grund, warum ich immer wieder betone, dass wir uns keine Sorgen darüber machen müssen, *wie* unsere Gebete beantwortet werden, da die Kreativität des Himmels und seine Macht unbegrenzt sind. Wie Brenda herausfand, kann Michael auch einen angriffslustigen Hund aufhalten.

Vielleicht ist es Ihnen auch schon passiert, dass Sie im Flugzeug die Engel um Beistand gebeten haben. Sollte dies noch nicht der Fall gewesen sein, illustriert Christine Cowls Bericht auf schöne Weise, wie Michael und die anderen himmlischen Wesen das Fliegen zu einem sicheren und angenehmen Erlebnis machen:

> Ich flog bei schwerem Sturm von Tennessee nach New York. Es war ein sehr unruhiger Flug, und ich hatte Angst, also bat ich Michael und seine Truppe der Barmherzigen, das Flugzeug in eine ruhige Lage und uns sicher ans Ziel zu bringen.
>
> Die Engel halfen uns und wir kamen heil in New York an. Mein Taxifahrer sagte, dass er den ganzen Tag auf Kunden gewartet habe und nur unser Flugzeug an diesem extrem stürmischen Tag in New York gelandet sei. Alle anderen waren zu weiter entfernten Flughäfen umgeleitet worden.
>
> Ich wende mich ständig an Erzengel Michael und seinen Trupp der Barmherzigen, wenn ich mit dem Flugzeug unterwegs bin und der Flug ein wenig unruhig wird. Und jedes Mal kommen wir heil und sicher an, wenn es mir auch manchmal wie ein Wunder vorkommt.

Erzengel Michael hilft *tatsächlich*, das Reisen sicherer und reibungsloser zu machen, und dazu gehört auch das Reisen mit dem Auto. Ich kann nur hoffen, dass Sie und ich dieselbe

Geistesgegenwart besitzen und zu Michael beten würden, wie es eine Frau namens Andrea tat, als ihr Auto auf Schienen zum Stehen kam und ein Zug mit hoher Geschwindigkeit herandonnerte:

> Ich überquerte gerade Eisenbahnschienen, als ich plötzlich das donnernde Geräusch eines herannahenden Zuges hörte. Die Schranke und das Warnlicht waren außer Betrieb. Alle Autos stoppten, und ich fand mich mitten auf den Schienen wieder, dem näher kommenden Zug mit seinen blinkenden Scheinwerfern und lautem Signal hilflos ausgesetzt. Die Autos vor und hinter mir bewegten sich nicht von der Stelle, daher gab es für mich überhaupt keine Ausweichmöglichkeit.
>
> Ich schrie: »Erzengel Michael, halt ihn auf! Halt ihn auf, Michael!« Wie durch ein Wunder fuhr der Wagen vor mir plötzlich weiter! Ich drückte das Gaspedal durch und spürte noch den starken Luftstrom des Zuges, der unmittelbar hinter meinem Auto vorbeiraste und es förmlich durchschüttelte.
>
> Im Laufe der Jahre habe ich viele Erlebnisse mit Erzengel Michael gehabt – immer im Auto. Wenn ich ihn um Hilfe bat, war ich stets in der Lage, unbeschadet Situationen zu entkommen, die ansonsten vielleicht tödlich ausgegangen wären. Und all das verdanke ich Michael!

Der Erzengel sorgt nicht nur während des Fahrens für unsere Sicherheit, sondern wacht auch über unser Auto und andere materielle Besitztümer, wie es Donna Murray erlebt hat:

Ich bitte Erzengel Michael schon so lange um seinen Schutz, dass ich selbst bei geringen Anlässen automatisch seinen Namen sage. Jedes Mal, wenn ich in mein Auto steige, bitte ich Michael, es mit seinem weißen Licht der Liebe, seiner Macht und seinem Schutz zu umgeben. Außerdem bitte ich, dass ich nichts und niemanden ramme und dass nichts und niemand mich rammt.

Eine Tages hatte mein Sohn Besuch von seinem Freund. Als seine Mutter ihn am Abend abholte, standen wir ein paar Minuten in der Einfahrt und plauderten miteinander. Sie setzte sich ins Auto, und als sie losfuhr, merkte ich, dass sie dabei war, zurückzusetzen – und zwar direkt in *meinen* Wagen! Ich hatte nur noch Zeit zu sagen: »Michael!«, als es auch schon passierte. Ich stand da und sah zu, wie sich ihre Stoßstange in meine bohrte.

Sofort setzte sie wieder nach vorne, sprang aus dem Auto und rief: »Oh mein Gott! Was habe ich getan?!« Doch als wir uns die Stoßstangen näher ansahen, wiesen beide weder eine Beule noch einen Kratzer auf! Ich musste laut lachen und sagte: »Danke, Michael!«

Jede dieser Geschichten ist eine wundervolle Erinnerung, dass Michael uns in jeder Lebenslage helfen kann, wenn wir ihn nur darum bitten. Außerdem können wir ihn bitten, unsere Lieben zu beschützen. Wenn der Erzengel seine Hilfe auch niemandem aufzwingen kann, der sie nicht will, so kann seine Präsenz dennoch eine schützende Barriere und Führung bieten. In der folgenden Geschichte erzählt Lynne Martin, wie sie Michael darum bat, ihren Sohn zu beschützen:

Ich wende mich jeden Tag an Erzengel Michael mit der Bitte, über meine Familie und mich zu wachen, da wir in Südafrika leben, einem Land, in dem Kriminalität zum Alltag gehört. Meine Kinder, beide im Teenageralter, möchten manchmal abends in Diskotheken gehen, und ich kann Ihnen nicht sagen, welche Horrorgeschichten wir hier regelmäßig hören. Das ist der Grund, warum ich so sehr auf die unschätzbare Hilfe des heiligen Michael zähle ... und er hat mich noch nie im Stich gelassen.

Normalerweise kehrt mein Sohn gegen zwei Uhr morgens aus der Diskothek heim. Jedes Mal, ohne Ausnahme, werde ich eine halbe Stunde zuvor durch irgendetwas geweckt, und ich danke automatisch Erzengel Michael dafür, dass er mein Kind beschützt. In einer Nacht jedoch wachte ich nicht auf, und als es gegen fünf Uhr hell wurde, geriet ich in Panik, weil ich nicht wusste, ob mein Sohn nach Hause gekommen und in Sicherheit war. Ich lief in sein Zimmer und sah, dass das Bett leer war. Ich versuchte, ihn auf seinem Handy zu erreichen, doch es kam keine Antwort. Also setzte ich mich hin, holte tief Atem und zwang mich, mich zu entspannen und Erzengel Michael um Hilfe zu bitten. Ich sagte zu ihm: »Oh mein geliebter Michael, nur du kannst mir jetzt noch helfen. Ich weiß, dass du über mein Kind wachst, und ich vertraue dir, daher lass mich bitte wissen, dass es ihm gut geht.«

Innerhalb von drei Minuten rief mein Sohn mich an und sagte, dass er ein paar Freunde nach

Hause habe bringen müssen und dann bei ihnen geschlafen habe, aber bald zu Hause sein würde. Mein erster Gedanke war: *Ich danke dir, Michael! Ich liebe dich!*

Ich glaube, dass Michael Lynnes Sohn anleitete, sie anzurufen. Nur die Kraft des Erzengels vermag zu einem anderweitig beschäftigten Teenager durchzudringen und ihn daran zu erinnern, seine Mutter anzurufen! Außerdem glaube ich, dass die Gebete, die Lynne jede Nacht eine halbe Stunde vor der Rückkehr ihres Sohnes spricht, dafür sorgen, dass er in Sicherheit ist, wenn er die Diskothek verlässt.

Auch das folgende Beispiel von Tania Rome zeigt, dass wir Erzengel Michael bitten können, anderen zu helfen:

> Vor einigen Monaten wurde meinem Freund Arran mitten in der Nacht das Rad gestohlen, das abgeschlossen vor der Haustür stand. Die Diebe zerschnitten das dicke Fahrradschloss, doch erstaunlicherweise hatten wir nichts gehört.
>
> In unserer Gegend werden oft Fahrräder gestohlen, und die Besitzer bekommen sie nur ganz selten zurück. Sobald mein Freund mir sagte, dass sein Fahrrad verschwunden sei, bat ich Erzengel Michael, es sofort und unbeschädigt zurückzubringen. Zu Arrans grenzenloser Verblüffung rief die Polizei drei Stunden später bei uns an und informierte uns, dass sie sein Fahrrad gefunden hatten. Der Dieb hatte es völlig unbeschädigt auf einem Parkplatz stehen gelassen.

Alle, denen ich diese Geschichte erzählte, waren beeindruckt oder fanden, dass es ungewöhnlich sei und wir sehr viel Glück hatten, das Rad wiederzubekommen. Ich kann den Leuten nicht sagen, dass ich Erzengel Michael um Hilfe gebeten habe, da nicht jeder an solche Dinge glaubt, doch insgeheim weiß ich, dass Glück *nichts* damit zu tun hatte.

Tanias Geschichte ist ein weiteres Beispiel dafür, dass Michael ein Meister der Gerechtigkeit und Fairness ist. Da er stets die Wahrheit vertritt, schützt er vor allem auch jene, die ungerecht beschuldigt werden, wie Maura Canty feststellte, als der Erzengel ihr in einer rechtlichen Situation Schutz bot:

> Ich habe mich viele Jahre mit Metaphysik beschäftigt und währenddessen auch des Öfteren mit Engeln gearbeitet.
>
> Vor meinem Erlebnis mit Michael fiel es mir schwer, Engel um Hilfe zu bitten: 1. war ich mir nicht wirklich sicher, dass es sie gab; 2. habe ich Schwierigkeiten, überhaupt irgendjemanden um Hilfe zu bitten; und 3. hielt ich es für unangebracht, den Himmel mit meinen Problemen zu belasten oder auf irgendeine Art um Unterstützung zu bitten. Doch als ich in einer schwierigen Situation die Engel auf eine Weise brauchte wie nie zuvor, war es Michael, der mich beschützte – davon bin ich jedenfalls noch heute überzeugt.
>
> Ich arbeite in der Hypothekenabteilung einer Bank als Kreditsachbearbeiterin. Vor Jahren hatte ich eine Assistentin, die Immobilienkredite prüfte und genehmigte. Ich war sehr beschäftigt und achtete nicht genau darauf, was meine Assistentin machte. Ich hatte keine Ahnung, dass sie direkt vor meiner Nase Unterschlagungen beging!

Eines Tages erhielt ich einen Anruf von der Staatsanwaltschaft, bei dem mir mitgeteilt wurde, dass ich wegen Unterschlagung angeklagt sei und vor einem Geschworenengericht zu erscheinen habe. Ich war total geschockt! Ich wusste, dass ich nichts Falsches getan hatte, daher schaltete ich einen Anwalt ein, der erfuhr, dass die Anklage hieb- und stichfest zu sein schien. Ein Ermittlungsbeamter ließ ihn wissen, dass mir in jedem Fall der Prozess gemacht würde.

Ich suchte mir daraufhin den besten Anwalt in diesem Bereich. Und auch er sagte das Gleiche: »Informieren Sie Ihre Familie und treffen Sie Vorkehrungen für Ihren Sohn, da Sie mit Sicherheit angeklagt werden. Wir müssen uns auf einen schweren Kampf einstellen – was Sie mindestens 30 000 Dollar kosten wird.« Der Rechtsanwalt erklärte, dass ich, sollten wir den Prozess verlieren, mit fünf bis acht Jahren Gefängnis rechnen müsse! Ich wusste, dass ich unschuldig war, doch in meinem Kopf drehte sich alles! Gott sei Dank war dies der Moment, in dem ich mich an die Engel erinnerte.

Ich rief Erzengel Michael herbei, zündete ihm zu Ehren blaue Kerzen an (da die Farbe Blau mit ihm assoziiert wird) und bat ihn, er möge mich in seine Flügel hüllen, vor falschen Anschuldigungen schützen und die Wahrheit aufdecken. Jeden Tag wandte ich mich an Erzengel Michael mit der Bitte, mich zu umgeben und zu beschützen. Ich schickte meinen Sohn zu Verwandten, da ich jederzeit mit meiner Verhaftung rechnen musste. Es war eine furchtbare Zeit, doch ich war überzeugt, dass Michael mich beschützen und die Wahrheit ans Licht kommen würde.

Was soll ich sagen, mein Vertrauen wurde aufs Wunderbarste belohnt! Mein Anwalt und alle an dem Fall Beteiligten waren völlig überrascht, als die Anklage gegen mich zurückgezogen wurde.

Sie sagten, dass der Untersuchungsbeamte ganz sicher gewesen sei, etwas gegen mich in der Hand zu haben. Die Zeit verging, die Geschworenen wurden von dem Fall entbunden, und ich wurde nie vernommen oder verhaftet. Zudem wurde mein Name aus dem ganzen Skandal herausgehalten, worüber ich sehr froh war. Jedoch wurde meine ehemalige Assistentin wegen Unterschlagung angeklagt und zu einer Gefängnisstrafe verurteilt, die sie immer noch abbüßt.

Ich weiß nur, dass es Erzengel Michael war, der mein Leben gerettet hat. Er hat mich und meinen Sohn beschützt, und seither erzähle ich allen von den himmlischen Boschaftern und meinen Erfahrungen mit ihnen. Danke, Erzengel Michael!

Michael ist immer bei uns; er wacht ständig über jeden Einzelnen von uns und über das ganze Universum.

Wie ich bereits mehrfach erwähnt habe, ist er in seiner Fähigkeit unbegrenzt, gleichzeitig bei uns allen zu sein und jedem, der ihn darum bittet, einzigartige, individuelle Aufmerksamkeit zu schenken.

Im nächsten Kapitel werden wir Michaels wunderbare Fähigkeit kennenlernen, Hilfe durch andere Personen anzubieten ... und zuweilen erscheint der Erzengel auch selbst in menschlicher Form.

Fünftes Kapitel

Michael hilft
durch andere Menschen

Manchmal reicht es Michael nicht, sich in eine Situation zu stürzen und sie – ohne dass er gesehen wird – in Ordnung zu bringen. Es gibt Gelegenheiten, wenn direktes menschliches Eingreifen erforderlich ist, und in diesem Kapitel werden Sie von zwei Arten menschlich-himmlischer Intervention lesen. Im ersten Fall schickt Michael normale Sterbliche als Antwort auf Gebete um Hilfe, und in der zweiten Kategorie nimmt der Erzengel offensichtlich selbst menschliche Form an. Er erscheint wie aus dem Nichts, um außergewöhnlichen Beistand zu leisten, und verschwindet danach spurlos.

Michael schickt normale Sterbliche zu Hilfe

Falls Sie jemals den Impuls verspürt haben, einem Fremden zu helfen, kann es sein, dass Sie vorübergehend Mitglied von Michaels Truppe helfender Engel waren, ohne sich dessen bewusst zu sein. Die unendliche Weisheit, die alle himmlischen Wesen – einschließlich Michael – lenkt, hält sofortige und geniale Lösungen für alle Gebete bereit. Sehr häufig heißt der Retter Michael, wie ich entdeckte, als ich während eines Besuches in Adelaide, Australien, dringend himmlische Hilfe benötigte.

Ich machte gerade ein paar Bauchmuskelübungen, als ich spürte, dass sich ein Wirbel verschoben hatte. Es tat sehr weh und ich wusste, dass ich schnell einen fähigen Chiropraktiker brauchte, der den Wirbel wieder einrenken konnte. Mein Mann Steven und ich beteten, dass es uns gelingen würde, einen guten Chiropraktiker in Adelaide zu finden. Der Gedanke, in einer fremden Stadt ohne persönliche Empfehlung einen uns völlig unbekannten Heiler auszusuchen, war erschreckend. »Bitte, Gott und Engel«, betete ich, »helft mir, jemanden zu finden, der ohne Medikamente und ohne Röntgen meinen Rücken wieder in Ordnung bringt.«

Wir baten den Manager des Hotels, einen Chiropraktiker zu finden, den ich noch am selben Tag aufsuchen konnte. Eine Stunde später teilte er uns mit, dass er Schwierigkeiten habe, jemanden zu finden, der noch einen Termin freihätte. Dann zeigte er auf eine Anzeige im Telefonbuch und sagte: »Hier ist noch ein Arzt, bei dem ich es noch nicht versucht habe. Ich werde gleich seine Praxis anrufen.«

Wir gingen zum Frühstück in das Restaurant des Hotels, und ein paar Minuten später kam der Manager aufgeregt an unseren Tisch und informierte uns, dass bei eben jenem Chiropraktiker gerade ein Termin um 15.30 Uhr frei geworden war. Da ich am gleichen Abend ein Seminar in Adelaide geben sollte, war das Timing absolut perfekt.

Als ich mich für den Arzttermin umzog, überkamen mich Zweifel, ob es wirklich klug war, jemanden willkürlich aus dem Telefonbuch herauszugreifen. Doch im gleichen Moment überkam mich ein friedvolles und zutiefst beruhigendes

Gefühl, und ich *wusste* mit Sicherheit, dass alles in Gottes Händen lag und ich vollkommen beschützt war. Ich war sicher, dass der Himmel einen wundervollen Chiropraktiker bereitgestellt hatte, so wie ich es in meinen Gebeten erfleht hatte. Als wir im Taxi zu der Praxis fuhren, ließ Steven sich vernehmen: »Ich hoffe sehr, dass dieser Typ gut ist!«

Ich sagte: »Ich weiß, dass er der Richtige ist«, und erzählte meinem Mann von dem beruhigenden Gefühl, das ich von Gott empfangen hatte.

Als wir die Praxis des *King William Road Chiropractic Office* betraten, deutete Steven auf das Namensschild und rief aus: »Schau dir den Namen des Arztes an!« Auf dem Schild stand: MICHAEL ANGELI. Erzengel Michael hatte mich wieder einmal beschützt, indem er mich zu seinem Namensvetter schickte.

Dr. Angeli sah tatsächlich wie ein inkarnierter Engel aus, mit seinen großen braunen Augen und dem scheuen Lächeln. Er brachte den Wirbel wieder in seine Position, ohne dass Medikamente oder Röntgenaufnahmen oder ein weiterer Termin nötig waren ... genau wie ich es mir in meinen Gebeten gewünscht hatte!

In den folgenden Geschichten werden Sie lesen, wie Gebete umgehend durch das Erscheinen der richtigen Person zum richtigen Zeitpunkt beantwortet wurden. Hierbei handelt es sich nicht um unerklärliche Zufälle; vielmehr sind sie der Beweis für die Gegenwart Gottes und Michaels, der über uns alle wacht.

Der nächste Bericht von Donna Ogozalek macht die Verbindung des Erzengels mit Polizisten und seinen Status als ihr Schutzpatron deutlich. Ich glaube, dass Michael die Gesetzeshüter inspiriert, den höchsten Grad an Integrität und echtem Dienst zu zeigen:

> Meine fünfjährige Tochter, ihre kleine Freundin und ich saßen in einer Eisdiele und genossen unser Eis. Es wurde schon dunkel, und wir drei waren die Einzigen in dem kleinen Laden, abgesehen von den beiden Angestellten hinter der Theke.
>
> Zwei männliche Jugendliche, die sich ziemlich ungehobelt aufführten, kamen herein und bestellten Eis. Sie setzten sich an einen Tisch direkt neben uns, und es schien, als hätten sie im Vorbeigehen absichtlich auf die Rückenlehne meines Stuhls geschlagen. Tatsächlich taten sie dies nicht nur einmal. Ich sah zu ihnen hinüber, und mir war blitzschnell klar, dass sie die Absicht hatten, uns Schaden zuzufügen. Sie wandten den Blick nicht von uns, und der Ausdruck in ihren Augen war sehr Angst einflößend. Ich hörte sie sagen: »Wir packen sie uns, wenn sie gehen.«
>
> Ich geriet in Panik und schaute hilflos meine beiden kleinen Mädchen an, die keine Ahnung hatten, was vor sich ging. Wie konnte ich sie sicher zum Auto bringen und mit ihnen wegfahren? Was hatten die Jugendlichen vor? Sollte ich mich an die Angestellten hinter der Theke wenden?
>
> Ich beschloss, Erzengel Michael zu bitten, uns Schutz zuteil werden zu lassen, damit wir heil nach

Hause kommen konnten. Nur wenige Sekunden später schaute ich ungläubig auf, als ein Polizist durch die Tür kam! Schnell verließ ich mit den Mädchen den Laden. Ich wusste, dass wir soeben von Gott und Erzengel Michael, dem Schutzpatron der Polizisten und Gesetzeshüter überall auf der Welt, gerettet worden waren. Der Himmel hatte dafür gesorgt, dass uns nichts passierte, und dafür bin ich ihm sehr dankbar.

Ich bin davon überzeugt, dass Michael den Polizisten als Antwort auf Donnas Gebet um Schutz zu der Eisdiele geführt hat.

Der Erzengel muss auch Tina Crandalls Gebet vorausgesehen haben, denn er sorgte dafür, dass ein Fachmann für Bären in der Nähe war, als Tina Information und Hilfe benötigte:

Ich wohne in Connecticut in der Nähe eines riesigen Naturparks. Es ist ein magischer Ort mit einem Fluss, Teichen, dichten Wäldern und kilometerlangen Spazierwegen. Jagen, Fischen oder Zelten ist nicht erlaubt; und auf den Schildern am Eingangstor werden die Besucher gebeten, »nichts mitzunehmen als Bilder und Eindrücke und nichts zu hinterlassen als Fußspuren«.

Eines Tages machte ich einen Spaziergang in diesem herrlichen Gelände, um mit den Engeln und der Natur ungestört Kontakt aufzunehmen. Doch nach einer Weile bekam ich plötzlich Angst davor, auf einen Bären zu stoßen. Dazu muss man wissen, dass es in meiner Stadt und der Umgebung viele Bären gibt, die ich mir lieber nur aus der

Ferne anschaue! Sie klettern häufig in die Gärten der Häuser. Und da Frühling war, konnte es gut sein, dass die Bärenmütter ihre Jungen bei sich hatten – was für jeden Menschen, der ihnen begegnet, eine tödliche Gefahr bedeutet. Zudem waren an jenem Tag kaum andere Besucher unterwegs. Während ich weiterging, fühlte ich mich plötzlich sehr verletzbar.

Doch gleichzeitig war ich wütend darüber, dass meine Angst meinen ansonsten friedlichen Spaziergang ruinierte, also begann ich zu beten. Ich bat Gott, mir Erzengel Michael zu meinem Schutz zu schicken. Ein paar Mal spielte ich mit dem Gedanken, umzukehren, weil ich trotz meiner Gebete immer noch Angst hatte. Dann fiel mir das Bild von Erzengel Michael mit den Worten *Du bist beschützt* aus Doreens *Erzengel-Orakel* ein, und in dem Begleitbuch hieß es, sein Schutz sei tadellos. Ich wiederholte innerlich: »*Du bist beschützt*«, und ging weiter.

Eine Minute später kam mir auf dem Bürgersteig ein älterer Herr entgegen. Wir blieben stehen, um uns über die Schönheit des Morgens zu unterhalten. Er sagte, dass er weiter oben in der Richtung, in die ich ging, ein Reh gesehen habe. Ich erwiderte, dass ich liebend gerne ein Reh sehen würde, doch Angst hätte, stattdessen einem Bären zu begegnen.

Der Mann erklärte, dass er früher der Wildhüter in diesem Naturschutzpark gewesen sei und seine Frau hier oft allein spazieren gehe und auch Angst vor Bären habe. Dann gab er mir noch Rat-

schläge, wie ich eine Begegnung mit Bären vermeiden und welche Schutzmaßnahmen ich ergreifen könne, falls ich doch einen sehen sollte! Ich
empfand seine Worte als äußerst hilfreich und
setzte meinen Weg beruhigt fort.

Während der Mann und ich in entgegenge-
setzte Richtungen weitergingen, spürte ich große
Erleichterung darüber, dass ich ihn getroffen
hatte. Und plötzlich wurde mir klar, dass Erzengel
Michael diesen Mann meines Weges geschickt
haben musste. Wie groß war die Chance, genau zu
dem Zeitpunkt, zu dem ich mir Sorgen wegen
einer Bärenbegegnung machte, auf einen ehema-
ligen Wildhüter zu stoßen, der sich mit wilden
Tieren genau auskannte? Ich fühle mich wirklich
vom Himmel gesegnet!

Wenn wir unter großem Stress stehen und die Gegenwart der
Engel sowie ihre Führung weder sehen noch fühlen können,
schickt Michael menschliche Hilfe. Wie in Tinas Geschichte
über die Begegnung mit einem Helfer in Menschengestalt erhielt auch Vickie Kissel auf einer Bergtour in ähnlicher Weise
eine Antwort von Erzengel Michael:

Ich hatte viele Zeichen empfangen, die mir sagten,
ich solle nach Sedona, Arizona, gehen, doch schob
ich diese Idee zunächst beiseite. Doch hatte ich zu
der Zeit das Gefühl, als würde meine Seele sterben.
Ich wusste, ich brauchte eine heilsame Pilgerreise
zu einem geweihten Ort, also war ich schließlich
bereit, das Geld für die Reise nach Sedona aus-
zugeben.

Ich wusste nicht genau, wonach ich in Sedona suchte, also fing ich an, verschiedene Energieheilungs-Sessions zu buchen. Es lief auch alles recht gut, doch hatte ich nach wie vor das Gefühl, dass es noch mehr gab, was ich lernen sollte.

An meinem letzten Tag in Sedona hatte ich mir vorgenommen, den wunderschönen roten Berg, genannt Bell Rock, hinaufzusteigen. Ich fuhr zu einem in der Nähe gelegenen Parkplatz, ohne zu merken, dass ich mich am völlig falschen Ort für mein Vorhaben befand. Nachdem ich ungefähr anderthalb Stunden bei 40 Grad Celsius über Stock und Stein geklettert war, stellte ich fest, dass mir nicht nur das Wasser ausging, sondern auch die Zeit kaum mehr reichte, um meinen Flug nach Hause zu erreichen. Während meine Augen sich an der hinreißenden Schönheit dieses herrlichen Berges weideten, begannen sie sich zugleich mit Tränen zu füllen, denn ich wusste überhaupt nicht, wie ich ihn erklimmen sollte!

Ich schloss meine Augen und schickte Erzengel Michael diese Botschaft: *Michael, Hilfe! Ich schaffe es nicht allein, und es bedeutet mir so viel, diesen Berg besteigen zu können!* Ich öffnete die Augen und bestaunte erneut voller Ehrfurcht die Schönheit des vor mir liegenden Naturwunders. Gleichzeitig mochte ich gar nicht daran denken, mit dieser Niederlage den langen, heißen Weg zu meinem Auto zurückzulegen.

Kurz darauf kam ein Mann auf mich zu und begann eine Unterhaltung mit mir. Er fragte, ob ich vorhabe, auf den Gipfel zu gehen. Irgendwie war alles zu viel – und ich sprudelte heraus, dass ich erschöpft sei und nicht einmal wisse, wie man einen Berg besteigt!

Er hörte mir geduldig zu und sagte mir, dass er mindestens einmal in der Woche diesen Berg besteige, und fragte mich dann, ob ich bereit sei, mir von ihm helfen zu lassen. In diesem Augenblick lernte ich meine erste Lektion: Bitte die Engel um Unterstützung.

Tief berührt, dass mein Gebet so schnell erhört worden war, nahm ich sein Angebot an. Normalerweise bin ich Fremden, vor allem Männern, gegenüber sehr vorsichtig. Doch bei diesem Mann fühlte ich mich völlig sicher. Ich wusste, dass ich ihm vertrauen konnte. Und das war meine zweite Lektion an diesem Tag: Lerne, deiner Intuition zu vertrauen.

Auf dem Weg zum Fuß des Berges fragte ich den Mann nach seinem Namen.

»Michael«, antwortete er.

Ich musste lachen, und er wollte wissen, warum. Ich erzählte ihm von Erzengel Michael und dass ich ihn kurz zuvor um Hilfe gebeten habe, weil ich den Berg nicht allein besteigen konnte. Er war fasziniert und wollte mehr über die Engel erfahren. Während unseres Aufstiegs erzählte ich ihm das Wenige, das ich zum damaligen Zeitpunkt über die Engel wusste.

Während wir den steilen Weg hinaufgingen, unterhielten wir uns und teilten einander vieles aus unserem Leben mit. Schließlich kamen wir an eine Stelle, wo es mir nicht möglich war, ohne seine Hilfe weiterzuklettern. Als ich seine Hand nahm, zog er mich auf die nächste Ebene. Ich fühlte mich sicher in seiner Gegenwart. Mehrmals musste ich anhalten, um mich auszuruhen. Das störte Michael nicht im Geringsten. »Nehmen Sie sich so viel Zeit, wie Sie brauchen«, meinte er nur.

Er wusste ja nicht, dass ich eigentlich große Angst hatte, so hoch hinaufzuklettern (oder falls er es wusste, behielt er dieses Wissen für sich)!

Je höher wir kamen, desto öfter musste ich stehen bleiben, um Luft zu holen und mit meiner Höhenangst fertig zu werden. *Erzengel Michael*, betete ich innerlich, *hilf mir, meine Angst zu überwinden, damit ich den Gipfel erreichen kann.*

Und jedes Mal fühlte ich danach Frieden und Ruhe in mir, was mir das Weiterklettern ermöglichte. Die Tatsache, dass ich mich meinen Ängsten stellte, gab mir den Mut, sie zu überwinden.

Wir waren ungefähr 30 Meter vom Gipfel entfernt. Mittlerweile war das Klettern sehr schwierig und beängstigend geworden. Zu beiden Seiten fielen die Hänge des Berges mehr als zwanzig Meter steil ab. Ich bat Michael anzuhalten, da ich einfach nicht wusste, ob ich weitergehen konnte. Er war sehr verständnisvoll und meinte, dass die meisten Leute es nie so weit schafften, wie ich es geschafft habe, daher wäre es völlig in Ordnung, umzukehren, so ich es wollte.

Ich dachte einen Moment nach. Ich wollte wirklich gerne auf den Gipfel. Indem ich meine Angst mit einem tiefen Atemzug ausstieß, wandte ich mich innerlich noch einmal an Erzengel Michael:

*Erzengel Michael, ich habe immer noch große Angst!
Ich brauche Hilfe!* Sofort fühlte ich neuen Mut, und
eine leise Stimme flüsterte mir zu: *Du wirst es
schaffen. Ich bin bei dir – du wirst nicht stürzen!*

Nach einem weiteren tiefen Atemzug sagte ich
zu meinem Weggefährten: »Lassen Sie uns weiterklettern! Der Gipfel wartet!«

Minuten später stand ich auf dem Gipfel des
Bell Rock. Meine Beine zitterten vor lauter An-
strengung wie die eines neugeborenen Fohlens,
und mein Atem ging stoßweise. Während ich
meinen Blick über den massiven roten Felsen
schweifen ließ, wusste ich, dass ich nie allein war.
Mithilfe der Engel gibt es nichts, was zu groß oder
zu klein, zu schwierig oder zu leicht ist, und jeder
Traum kann in Erfüllung gehen. Man muss nur
daran glauben.

Obwohl *der* Michael, der mich auf den Berg
führte, menschliche Gestalt hatte, glaube ich in
meinem Herzen, dass jeder meiner Schritte liebevoll von *Erzengel* Michael geführt wurde. Ich rede
nach wie vor oft mit dem Engel und rufe ihn um
Schutz bei meiner Arbeit als Heilerin an. Wann
immer ein Freund oder ein Klient zu mir kommt
und bittet: »Hilf mir!«, wende ich mich unverzüglich an Erzengel Michael. Er hat mich sanft geführt, und er und die anderen Engel haben mich
schon oft mit ihrem liebevollen Beistand gesegnet.

Außerdem schickt Michael »himmlischen Bereitschaftsdienst«
jenen, die mit dem Auto unterwegs sind, wie eine Frau mit
Namen Anna feststellte:

Ich fuhr an einem sehr stürmischen Abend nach Hause, als ich sah, dass irgendetwas mitten auf der Straße lag. Ich konnte nicht mehr schnell genug bremsen, und so verhakte sich der Gegenstand – ein Eimer – unter meinem Wagen. Zum Glück war nicht allzu viel Verkehr, also hielt ich an und stieg aus, um nachzusehen, was ich mir da cinge-fangen hatte. Ich dankte den Engeln im Voraus, dass sie mir erlaubten, den Eimer zu entfernen und meine Fahrt nach Hause fortzusetzen. Als ich jedoch feststellte, dass ich den Eimer nicht allein herausziehen konnte, beschloss ich, meinen Vater anzurufen und ihn zu bitten, er solle kommen und mir helfen. Doch zuerst betete ich und bat Erzengel Michael um Hilfe. (Wenn ich auch zugeben muss, dass ich ein bisschen sauer war, dass ich den Eimer nicht ohne fremde Hilfe loseisen konnte!)

Als ich gerade meinen Vater anrufen wollte, hielt ein Lieferwagen neben mir, und zwei freundliche Männer fragten mich, ob ich Hilfe brauche. Ich sagte: »Ja, bitte!« Sie bockten mein Auto auf und entfernten den Eimer. Während sie damit beschäftigt waren, wurde mir klar, dass die Engel meine Gebete um Hilfe beantwortet hatten.

Als wir die Werkzeuge wieder wegräumten, begannen wir eine Unterhaltung. Einer der Männer erzählte mir, dass er Abdul hieß und der andere Mann sein Bruder sei, der erst kurz zuvor aus dem Libanon nach Australien gekommen war. Er hieß Michael! Dann fügte er hinzu, dass es Michael gewesen war, der mich am Straßenrand gesehen und Abdul aufgefordert hatte anzuhalten, damit sie mir helfen konnten. Ich dankte ihnen aus vollem Herzen ... und natürlich Erzengel Michael. Seitdem habe ich seine hilfreiche Macht nie mehr angezweifelt!

In vielen Erzengel-Geschichten (wie zum Beispiel meiner Erfahrung mit dem Chiropraktiker und Annas Rettung) heißt die Person, die wie durch ein Wunder Hilfe anbietet, Michael. Vielleicht liegt das daran, dass alle, die nach dem Erzengel benannt sind – etwa Michael, Michelle, Mikael etc. –, eng mit ihm zusammenarbeiten.

Geschichten wie die von Anna und die folgende von Lisa Grubb erinnern uns daran, dass wir nie allein sind, selbst wenn unser Auto in einer verlassenen Gegend seinen Geist aufgibt:

> Ich hatte gerade eine Beziehung mit einer Frau begonnen, die weder an Engel noch an göttliche Intervention glaubte. Unsere unterschiedliche Sichtweise dieser Dinge führte zu Spannungen, daher beschlossen wir, gemeinsam zu verreisen, um zu sehen, ob wir dieses Problem irgendwie lösen könnten. Wir fanden zwei Stunden nördlich von Sydney an der Küste ein schönes Hotel, und die Besitzerin schlug vor, wir sollten mit meinem Jeep die isolierten Strände entlangfahren.
>
> Auf der Fahrt genossen meine Partnerin und ich die herrliche Umgebung und führten ein tiefes Gespräch. Schließlich kamen wir überein, die spirituellen Glaubenssätze des jeweils anderen zu akzeptieren.

Wir folgten der Straße, bis wir ein Schild sahen, auf dem geschrieben stand: KEIN STRANDZU-GANG. Wir wussten jedoch, dass schon hinter der nächsten Ecke das Wasser begann. Also fuhr ich um das Schild herum und etwa 100 Meter weiter, musste jedoch schnell erkennen, dass der Sand hier sehr tief war. Ich beschloss, zu wenden und auf die Straße zurückzufahren, doch mein Jeep versank immer tiefer im Sand.

Zwanzig Minuten lang versuchten wir, aus dem Sand herauszukommen, doch vergeblich, wir sanken immer tiefer hinein. Wir saßen noch im Auto, und meine Partnerin bestand darauf, dass ich Hilfe holen sollte.

Ich nahm einen tiefen Atemzug, legte meinen Kopf auf das Steuer, schloss die Augen und bat Erzengel Michael mit lauter Stimme, uns jetzt sofort Hilfe zu schicken! Bevor meine Partnerin ihre Frage zu Ende brachte: »Was glaubst du damit zu erreichen?«, war ich auch schon aus dem Wagen gesprungen und sprach mit vier hochgewachsenen Männern, die plötzlich aufgetaucht waren und fragten, ob wir Hilfe brauchten.

Die Männer waren den Strand entlanggejoggt, um für den *He-Man*-Wettkampf zu trainieren, der am Wochenende stattfinden sollte, und es gelang ihnen, meinen Jeep aus dem Sand zu befreien, bevor sie uns zurück auf die Hauptstraße beglei-teten. Was für ein unglaublicher Segen ... denn nicht nur bewahrte mich ihr Eingreifen davor, zu Fuß in die Stadt zurückgehen zu müssen, um einen Abschleppwagen zu holen, sondern es half

darüber hinaus meiner Partnerin zu verstehen,
warum ich so sehr an Engel glaube!

Michael schickt Hilfe in Menschengestalt, wenn wir auf
Reisen seine Hilfe brauchen, egal ob wir im Flugzeug, Zug,
mit dem Taxi oder Boot unterwegs sind. Es ist immer eine
gute Idee, ihn zu bitten, er möge Ihnen bei Ihren Reisevorbe-
reitungen helfen. Er kann dafür sorgen, dass alles problemlos
verläuft, während Sie Flug- und Hotelreservierungen vornehmen, und Ihnen dann bei jedem Schritt auf Ihrer Reise zur
Seite stehen. Der Erzengel rettet zudem gestrandete Reisende,
wie Gigi Stybr und ihr Mann während einer Italienreise feststellen durften:

> Es war der letzte Tag unserer Ferien in Italien.
> Mein Mann und ich genossen ein frühes Abend-
> essen in einem Restaurant in der Nähe der Via
> Veneto in Rom. Am nächsten Morgen um sieben
> Uhr ging unser Flug zurück in die Staaten. Das be-
> deutete, dass wir früh aufstehen mussten, und wir
> baten an der Rezeption unseres Hotels, ein Taxi zu
> bestellen, das uns um halb fünf abholen und zum
> Flughafen Fiumicino bringen sollte.
>
> Früh am nächsten Morgen warteten wir mit
> unserem Gepäck vor dem Hotel. Um 4.35 Uhr
> fuhr ein schwarzes, ziemlich heruntergekomme-
> nes Auto vor, und ein ebenso heruntergekommen
> aussehender Fahrer stieg aus und verstaute unser
> Gepäck im Kofferraum. Zu dieser frühen Stunde
> war Rom noch leer, keine Menschenseele war in
> Sicht und selbst die Straßenlaternen spendeten
> kein Licht.

Schon bald merkten wir, dass irgendetwas nicht stimmte. Der Motor des Wagens begann, eigenartige Geräusche zu machen, und als wir am Kolosseum vorbeifuhren, wurde uns klar, dass wir in einem illegalen Taxi saßen, in dem es nicht einmal ein Funktelefon gab.

Doch illegales Taxi oder nicht, wir wollten einfach rechtzeitig zum Flughafen kommen. Doch wie konnte es anders sein, im nächsten Moment setzte der Motor aus und der Wagen blieb stehen. Wir saßen fest. Der Fahrer wurde sehr aufgeregt und machte sich nur Sorgen um sein kaputtes Auto. Die Tatsache, dass wir vielleicht unseren Flug verpassen würden, interessierte ihn nicht im Geringsten. Mein Mann und ich schauten uns um. Weit und breit war kein einziges Auto in Sicht, und alle Gebäude waren dunkel. Nur die Sterne über uns glitzerten wie herrliche Diamanten. In einiger Entfernung sahen wir ein beleuchtetes Schild mit der Aufschrift »Hotel«. Ich sagte zu meinem Mann: »Du musst unbedingt dahingehen und Hilfe holen.« Er machte sich sofort auf den Weg.

Ich blieb mit unseren zwei Koffern auf dem Bürgersteig zurück. Plötzlich dachte ich: *Es muss einen anderen Weg geben!* Meine Verzweiflung steigerte sich bis zu dem Punkt, an dem ich die ganze Szene in Zeitlupe erlebte. Ich holte tief Luft und rief innerlich: *Erzengel Michael, bitte, hilf uns jetzt!* Innerhalb von fünf Sekunden sah ich die Scheinwerfer eines glänzenden weißen Autos auf mich zukommen, und der Fahrer kurbelte das Fenster herunter: »Brauchen Sie ein Taxi?« Der blonde, blauäugige junge Mann stieg aus. Er hatte ein wunderschönes, zauberhaftes Lächeln und schien von einem überirdischen Licht umgeben zu sein.

Mein Mann kam ein paar Minuten später zurück. Wir stiegen ins Taxi, und der junge Mann fuhr uns zum Flughafen. Wir waren so früh dort, dass wir nach dem Einchecken sogar noch frühstücken konnten!

Inkarnierte Engel

Die Geschichten auf den nächsten Seiten sind beeindruckende Beispiele für Michaels wunderbare Fähigkeit, uns in jeder Situation zu beschützen. Er hat die Macht, in menschlicher Form zu erscheinen und danach wieder spurlos zu verschwinden. Bei einigen dieser Berichte glaube ich, dass Gott und Michael einen Engel geschickt haben, der sich vorübergehend als hilfreicher Mensch inkarnierte.

In der folgenden Geschichte von Robyn Holmes wies die betreffende Person mehrere Eigenschaften auf, die sie als einen inkarnierten Engel identifizieren:

1. Er erschien plötzlich wie aus dem Nichts als Antwort auf eine Bitte um Hilfe.

2. Er legte eine außergewöhnliche Kraft an den Tag.

3. Er verschwand, ohne eine Spur zu hinterlassen, bevor ihm jemand danken konnte.

Ich schob einen Einkaufswagen mit einem großen Karton zu meinem Auto, in dem sich ein zusammensetzbarer Computerschreibtisch befand. Als ich den Karton im Kofferraum verstauen wollte, hatte ich Schwierigkeiten, ihn zu heben, so schwer war er. Der Karton klemmte im Einkaufswagen fest, der zur Seite kippte und mein Knie gegen die Anhängerkupplung des Wagens drückte, sodass ich mein Bein nicht bewegen konnte. Ich hatte gerade eine Knieoperation hinter mir, was die Situation noch schlimmer machte!

Ich sah mich um nach jemandem, der mir vielleicht helfen könnte, doch außer mir war niemand auf dem Parkplatz. Da ich mittlerweile aber sehr große Schmerzen hatte, betete ich innerlich: *Erzengel Michael, ich brauche Hilfe, und ich brauche sie jetzt!*

Kaum hatte ich dieses Gebet beendet, hörte ich eine Stimme hinter mir sagen: »Sie brauchen sofort Hilfe!«, und im nächsten Augenblick hob ein Mann den Karton, als wäre er leicht wie eine Feder, aus dem Einkaufswagen und verstaute ihn in meinem Kofferraum. Mit einem Lächeln ging er gleich darauf zwischen zwei parkenden Autos davon ... *allerdings kam er nie auf der anderen Seite wieder heraus!*

Nichts versperrte mir die Sicht, ich konnte alles genau beobachten, aber ich sah nicht, wohin er ging – er verschwand einfach! Also setzte ich mich in mein Auto und schickte Erzengel Michael ein Dankgebet für die schnelle Hilfe seines himmlischen Helfers.

Ich weiß, dass niemand weder hinter mir noch in der Nähe gewesen war, denn – glauben Sie mir – ich hatte mich gründlich nach allen Seiten umgeschaut! Gott segne Erzengel Michael, der immer zur Stelle ist, wenn wir ihn rufen.

Die vierte charakteristische Eigenschaft inkarnierter Engel, von der Menschen berichten, ist ihre ungewöhnliche oder exotische Erscheinung. Manche beschreiben sie als extrem gut gekleidet, während anderen Engel begegnet sind, die in Lumpen gehüllt waren. Jedoch sind ihre Bekleidung sowie ihre Gesichtszüge stets einzigartig und unvergesslich.

Auf den meisten Gemälden und in den meisten Visionen erscheint Erzengel Michael als blonder sonnengebräunter Mann mit nordischen Gesichtszügen. Ich glaube, der Grund dafür, dass die meisten Menschen Michael als blond beschreiben, liegt an seiner schimmernden goldenen Aura und nicht daran, dass er einer bestimmten Rasse zugehörig ist (vor allem da er keinen physischen Körper hat).

Cheryl Brooks' Schwester zum Beispiel wurde von solch einem blonden Engel gerettet:

Meine Schwester Kathy fuhr auf der Autobahn und landete aus Versehen in einem Straßengraben. Als sie versuchte, den Rückwärtsgang einzulegen, reagierte der Wagen nicht. Sie steckte noch nicht lange fest, als ein hochgewachsener Mann mit blonden Haaren zu ihrer Rettung erschien. Zu Kathys grenzenloser Verblüffung hob er ihren Wagen eigenhändig aus dem Graben!

Als sie sich umdrehte, um ihm zu danken ... nun, da war er weg, spurlos verschwunden, als hätte er sich in Luft aufgelöst! Kathy hat nie wirklich behauptet, dass es Erzengel Michael war. Doch *ich* bin davon überzeugt.

In der folgenden Geschichte von Ann O'Donovan war der rettende Engel nicht nur ein gut aussehender blonder Mann, sondern er hieß auch noch Michael!

Während meiner Ferien in Kreta unternahm ich eine Busfahrt, um Freunde zu einem absolut wunderbaren Abendessen zu besuchen. Ungefähr um halb drei Uhr morgens boten mir meine Bekannten an, mich zu meinem Hotel in der Nachbarstadt zurückzufahren, doch da sie zwei Stunden entfernt auf der anderen Seite der Insel wohnten, lehnte ich dankend ab, weil ich ihnen diese Extrafahrt nicht zumuten wollte. Nachdem meine Freunde gefahren waren, ging ich zum nächsten Taxistand auf dem Dorfplatz. Der Platz war normalerweise Tag und Nacht voller Menschen, doch in dieser Nacht lag er wie ausgestorben da und erinnerte an eine Szene aus einem Wildwestfilm, wo der Wind Knäuel von Steppengras über die Straßen einer Geisterstadt fegt. Der Wind wurde stärker, und es war keine Menschenseele in Sicht, bis schließlich eine kleine alte Frau erschien, gekleidet in ein traditionelles schwarzes Gewand.

Sie sagte: »Kein Taxi?« Ich erwiderte: »Nein«, und dann sagte sie: »Streik.« Mir rutschte das Herz in die Hose, als ich dachte: *Und was jetzt?*

Ich schloss die Augen und sagte: »Liebster Erzengel Michael, schau dir meine missliche Lage an.

Ich bin in einem fremden Land. Könntest du mir bitte helfen, nach Stalis zurückzukommen, wo ich ein Zimmer habe?« Als ich meine Augen öffnete, sah ich direkt vor mir den schönsten blonden Mann auf einem Motorrad, und er lächelte mich an. Nun, da ich Single bin, dachte ich, *alle* meine Gebete seien beantwortet worden – und nicht nur das um Beförderung!

Ich fragte den Mann, ob er zufällig nach Stalis fuhr, und er erwiderte: »Ja, ich werde Sie hinbringen«, als hätte er auf mich gewartet. Er sagte mir, sein Name sei Michael.

Trotz all meines irischen Charmes und Geschnatters bin ich ein wenig scheu, wenn es um Männer geht. Mir ging vieles durch den Kopf, und ich dachte: *Wie eigenartig! Wie groß ist denn die Chance, einen blonden griechischen Michael zu treffen, vor allem auf diese Weise?*

Es fühlte sich alles so richtig an. Ich konnte seine Sanftmut *fühlen* – es war einfach herrlich. Wir fuhren die vom Mondschein erhellte Küste entlang, und mir fiel auf, wie unglaublich weiß die wunderschönen Hände meines Gefährten waren. Er brachte mich genau dahin, wo ich hinmusste.

Als ich von dem Motorrad abstieg, fiel mir meine Tasche aus der Hand. Als ich sie aufhob und mich wieder aufrichtete, war der Mann weg! Er war einfach verschwunden! Ich schaute in beide Richtungen die Straße hinunter, doch er war nirgends zu sehen, so als hätte er sich in Luft aufgelöst. Ich war traurig, weil ich nicht einmal die Gelegenheit hatte, mich bei ihm zu bedanken.

Es war ein unglaubliches Erlebnis, das ich ganz besonders in Ehren halte, weil ich glaube, dass der schöne Motorradfahrer nicht von dieser Welt war! Erzengel Michael ist mein ständiger Gefährte und Freund, und ich bin zutiefst dankbar, seine Liebe und Unterstützung in meinem Leben zu wissen.

Eine Frau namens Sita lernte eines der anderen typischen Merkmale kennen, von denen häufig bei Interaktionen mit inkarnierten Engeln berichtet wird: Sie versuchte, den hilfreichen Menschen am nächsten Tag zu kontaktieren, und war nicht in der Lage, ihn ausfindig zu machen. Oft wird den Betreffenden gesagt, dass ein solcher Mensch überhaupt nicht existiert! Ich habe Hunderte von ähnlichen Geschichten wie die von Sita erhalten:

Im August 2005 fuhr ich mit meiner Tochter und drei ihrer Freundinnen von Amherst nach Pugwash, Neuschottland – eine Entfernung von ungefähr 50 Kilometern. Ich hatte mir vorgenommen, noch in Amherst zu tanken, doch bei all dem Spaß, den die Mädchen und ich hatten, vergaß ich es. Wir hatten vielleicht noch 15 Kilometer vor uns, als das Zeichen »Bitte tanken« auf dem Armaturenbrett aufleuchtete.

Es war spät am Abend, wir befanden uns auf einer verlassenen Landstraße, und die nächste Tankstelle war in Pugwash. Darüber hinaus hatte ich vergessen, mein Handy mitzunehmen, also fuhr ich so lange, bis der Tank leer war, und hielt dann am Straßenrand. Jetzt konnte ich nur noch beten! Ich flehte Erzengel Michael an, mir zu helfen. Ein paar Minuten später sah ich einen Baulaster in meinem Rückspiegel. Die Mädels und ich sprangen aus dem Wagen, und wir begannen, heftig zu winken. Zum Glück hielt der Fahrer an, und ich sah die Aufschrift des Lasters: *Nova Scotia Department of Transportation.*

Ich lief zur Fahrerseite, und mir fiel auf, dass es sich bei dem Fahrer um einen älteren Mann handelte, der wie ein Engel aussah. Ich erklärte ihm hastig meine Situation, und er lächelte und meinte: »Ich habe einen großen Kanister mit Benzin dabei.« Er goss das Benzin in meinen Tank und wollte keine Bezahlung annehmen.

Er sagte: »Nein, meine Liebe, das ist ein Geschenk von uns.« Dann forderte er mich auf, ihm zu folgen, während er uns zur nächsten Tankstelle vorausfuhr. Ich dankte Erzengel Michael und dem Mann aus ganzem Herzen, und wir kamen schließlich heil zu Hause an.

Am nächsten Tag fuhr ich zum Transport Department, um unserem Retter noch einmal zu danken. Zu meiner Verblüffung sagte man mir, dass der Mann, den ich beschrieben hatte, pensioniert und dass keiner ihrer Trucks so spät am Abend unterwegs gewesen war. Ich dankte Michael erneut für dieses Wunder!

Seither schicke ich jedes Mal dem Transport Department einen Segen, wenn ich daran vorbeifahre, und bekomme immer noch eine Gänsehaut, wenn ich an der Stelle vorbeifahre, an der ich von einem Engel aus einer misslichen Lage gerettet wurde!

Die folgende Geschichte von Nan, einer Absolventin unseres *Angel Therapy Practitioner*-Programms (ATP), zeigt, wie Erzengel Michael sich als hilfreiche Stimme am Telefon einschaltet:

> Ich brachte mein Auto zur Reparatur und wartete darauf, dass es fertig wurde. Der Mechaniker fuhr den Wagen vor und ließ den Motor laufen. Ich stieg ein, legte den Gang ein und machte mich auf den Weg zurück nach Scottsdale – was bei dem starken Verkehr ungefähr eine Stunde dauern würde. Unterwegs hielt ich an, um ein paar Lebensmittel zu kaufen. Als ich den Motor ausmachte, merkte ich zu meinem Entsetzen, dass der Schlüsselring und meine Wohnungsschlüssel fehlten. Ich hatte nur noch den Autoschlüssel.
>
> Ich suchte überall nach meinen verlorenen Schlüsseln – im Handschuhfach, in jeder Ritze auf den vorderen Sitzen und sogar zwischen den Polstern – doch sie waren nicht da. Es war nach 18.00 Uhr, und ich wusste, dass die Werkstatt schon geschlossen hatte.
>
> Und selbst wenn meine Schlüssel dort waren und ich in der Lage gewesen wäre, sie an diesem Abend noch abzuholen, würde das einen Umweg von zwei Stunden bedeuten, und ich war müde und hungrig. Wenn ich jedoch meine Schlüssel nicht holte, müsste ich den Schlüsseldienst rufen, um in meine Wohnung zu kommen – was nicht gerade billig ist!
>
> Ich bat die Engel um Hilfe und rief bei dem Autohändler an. Die Frau an der Rezeption sagte,

dass die Werkstatt schon geschlossen sei. Ich bat, mit jemandem im Verkaufsraum sprechen zu können, doch die beiden Verkäufer meinten, sie könnten mir nicht helfen, und ihr Manager sei schon nach Hause gegangen. Langsam verlor ich alle Hoffnung! »Gibt es denn sonst niemand, mit dem ich sprechen kann?«, fragte ich verzweifelt. Die Frau am Telefon erwiderte, dass mir vielleicht jemand helfen könnte.

Im nächsten Moment hörte ich eine angenehme männliche Stimme sagen: »Hier ist Michael. Kann ich Ihnen helfen?« Ich erklärte ihm die Lage, und der Mann sagte, er würde in die Werkstatt gehen und nach meinen Schlüsseln suchen. Während ich darauf wartete, dass er zurückkam, wurde mir die Bedeutung seines Namens bewusst, und ich flehte Erzengel Michael an: »Bitte, hilf deinem Namensvetter, meine Schlüssel zu finden!«

Es dauerte nicht lange, und Michael war erneut am Telefon. Er sagte: »Ihre Schlüssel sind in Ihrem Wagen!«

»Aber ich habe überall nachgeschaut!«, erwiderte ich.

»Ihre Schlüssel sind definitiv in Ihrem Wagen!«, wiederholte er.

»Ich wüsste nicht, wo. Ich habe überall gesucht und sie nicht gefunden«, stöhnte ich.

»Haben Sie gehört, was ich gesagt habe?«, wiederholte er mit lauterer Stimme. »Die Schlüssel sind in Ihrem Wagen!« Ich schaute hinunter auf meine Handtasche und hob sie hoch. Und tatsächlich, da lagen meine Schlüssel! Waren sie also die ganze Zeit da gewesen und ich hatte sie einfach übersehen, trotz meiner gründlichen Suche? Oder waren sie auf magische Weise in mein Auto transportiert worden? Mir kam es jedenfalls wie ein Wunder vor, dass ich nach Hause fahren konnte, ohne einen Umweg über die Werkstatt nehmen oder den Schlüsseldienst verständigen zu müssen.

Ich dankte Erzengel Michael und Gott aufs Innigste, dass sie meine Gebete beantwortet hatten – und auch dass sie mich daran erinnerten, meine Haustürschlüssel immer separat aufzubewahren und in meine Tasche zu legen, wenn ich mein Auto in die Werkstatt bringe. Das war eine Engel-Lektion mit einem echten Happy End!

Von ihrer himmlischen Perspektive aus können die Engel sehen, wo sich unsere verlorenen Gegenstände befinden, und Erzengel Michael sorgte dafür, dass Nans Telefonanruf zu ihm weitergeleitet wurde, damit er sie zu ihren Haustürschlüsseln führen konnte. Ihre Geschichte zeigt uns wieder einmal, dass wir ständig unter dem Schutz des Himmels stehen.

Erzengel Michael hilft durch seine göttliche Intervention zweifellos vielen Menschen, ein gesünderes und glücklicheres Leben zu führen. Ich wünsche Ihnen, dass Sie sich immer an diese Tatsache erinnern, sollten Sie sich in einer beängstigenden Situation befinden, und unverzüglich Erzengel Michael um Hilfe bitten, so wie es die Personen in diesen Geschichten getan haben. Im nächsten Kapitel werden wir uns mit einer anderen Art und Weise vertraut machen, durch die Michael uns hilft, Stress abzubauen, indem er elektrische und mechanische Geräte repariert. Diese wenig bekannte Spezialität des Erzengels hat ohne Frage vielen Menschen Segen gebracht, wie Sie auf den folgenden Seiten lesen werden.

Sechstes Kapitel

Der Erzengel als Fachmann für jegliche Reparaturen

Erzengel Michael wird ob seiner immensen Stärke, seines Mutes und des Schutzes verehrt, den er den Menschen gewährt. Darüber hinaus haben viele eine wenig bekannte zweite Spezialität Michaels entdeckt: seine unglaubliche Fähigkeit, alles Elektrische oder Mechanische zu reparieren. Vielleicht ist diese moderne Form himmlischer Unterstützung eine Folge der neuen Ära der Technologie. Wie dem auch sei, mir wurden mehr Berichte über Michaels Hilfe bei mechanischen und elektrischen Problemen zugeschickt als irgendeine andere Art von Engel-Erfahrungen!

Himmlische Autoreparatur

Damit wir uns keine Gedanken darüber machen, eine Autoreparatur sei unter seiner Würde oder eine triviale Verschwendung von Erzengel Michaels Zeit, zeigen diese Geschichten, wie eine solche Intervention unter anderem Leben rettet und Frieden wiederherstellt. Zweifellos ist Michael sich nicht zu schade, im Rahmen seiner globalen Mission, die Menschen vor Angst zu bewahren, auch Dinge zu reparieren – die Tatsache, dass er so schnell und effizient arbeitet, ist ein sehr erfreulicher Bonus, wie Sie lesen werden.

Da unsere Welt auf diese Art der Beförderung angewiesen ist, führt Michael häufig Autoreparaturen durch. Als Engel, der unabhängig von Zeit und Raum ist, vermag er sich gleichzeitig um unzählige Autos und Menschen zu kümmern, daher müssen Sie nicht befürchten, dass seine Reparaturtätigkeit ihn von wichtigeren Dingen abhält. Er reagiert voller Freude auf alle Bitten um Hilfe, oft mit seinem typischen Sinn für Humor, wie Jenny Bryans entdeckte, als ihr Auto seinen Geist aufgab:

> Die Batterie meines alten Honda Accord war so korrodiert, dass der Motor häufig abstarb oder gar nicht erst startete. Eines Tages war ich auf dem Weg zum Supermarkt, als der Motor wieder einmal abstarb. Ich manövrierte den Wagen auf den Seitenstreifen und öffnete die Motorhaube. Nun lebe ich in einer Kleinstadt, und wenn jemand am Straßenrand neben seinem liegen gebliebenen Automobil steht, hält normalerweise jeder Vorbeifahrende an, um seine Hilfe anzubieten. An diesem Tag jedoch hielt *niemand* an.
>
> Mehrere Autos fuhren an mir vorbei, und die Fahrer schienen mich nicht einmal zu sehen. Ich begann, Bekannte anzurufen, die mir vielleicht helfen konnten, doch ich erreichte niemanden.
>
> Zum Glück passierte das Ganze direkt vor einer Kirche, und ich klopfte an die Tür des Büros in der Hoffnung, jemand dort könne mir helfen. Leider war die Tür abgeschlossen, und es schien niemand

da zu sein. Als Nächstes versuchte ich es in der Kirche selbst. Ich hatte gesehen, wie Leute hinein- und herausgingen, und auf dem Parkplatz standen mehrere Autos, also dachte ich, dass jemand da sein musste, der mir Starthilfe geben konnte. Doch es war niemand zu sehen.

Als ich aus der Kirche trat, hatte es zu regnen begonnen, und ich wusste, dass ich mir etwas anderes einfallen lassen musste.

Ein paar Wochen zuvor hatte ich an Doreens Seminar in Toronto teilgenommen, wo sie uns sagte, dass Erzengel Michael auch als »Reparatur-Fachmann« bekannt sei. Ich bat den Engel, das Batterieproblem ein für alle Mal zu lösen. Dann nahm ich einen tiefen Atemzug und ging zurück zu meinem Auto. Ich fühlte mich angeleitet, mich hinters Steuer zu setzen und dem Motor Energie zu senden. Dabei sah ich vor meinem inneren Auge Michael, wie er sich über meinen Motor beugte. Es sah sogar aus, als hätte er einen Arbeitsanzug an, während er seine Wunder wirkte! Nach einigen Minuten fühlte ich mich angeleitet, den Motor zu starten – was mir auf Anhieb gelang.

Ich dankte Michael überschwänglich und wollte gerade losfahren. Da schaute ich zu der Kirche hinüber, auf deren Namen ich bisher nicht geachtet hatte. Auf einem Schild stand *St.-Michaels-Kirche*. Mit einem Lächeln über die Synchronizität, vor einer Kirche mit diesem Namen gestrandet zu sein, setzte ich meinen Weg fort. Seitdem funktioniert die Autobatterie wunderbar. Wann immer ich heute irgendein mechanisches Problem habe,

> bitte ich Erzengel Michael um Reparatur. Er ist
> besser und billiger als jeder andere Mechaniker
> oder Techniker.

Ich finde die Tatsache, dass Michael Jenny zu einer Kirche
gleichen Namens geführt hat, einfach herrlich! Er versucht
nicht zu verbergen, dass er uns hilft, denn Teil seiner Heilungsarbeit besteht darin, uns wissen zu lassen, dass wir nicht
allein sind. Wenn wir ein tiefgreifendes Erlebnis mit Michael
haben, besteht kein Zweifel mehr im Hinblick auf seine tatsächliche Existenz und Macht. Erzengel haben die Aufgabe,
in jedweder Form den Frieden des Himmels auf die Erde
zu bringen. Zuweilen bedeutet dies, einem Auto Starthilfe zu
geben, wie es eine Frau namens Monica erlebte:

> An einem Montagmorgen musste ich zu einigen
> sehr wichtigen Terminen fahren. Doch als ich in
> mein Auto stieg, wollte der Motor nicht starten –
> er gab keinen Laut von sich! Also schloss ich meine
> Augen und bat Erzengel Michael um Hilfe. Und
> als ich erneut den Zündschlüssel drehte, sprang
> der Motor sofort an!

Erzengel Michael ist sofort zur Stelle, wenn das Auto nicht in
Gang kommt, vor allem wenn es sich – wie bei Helen Demetriou und ihrem Sohn in der folgenden Geschichte – um eine
Frage der Sicherheit handelt:

> Ich lebe mit meiner Familie auf Zypern. Eines
> Winterabends holte ich meinen Sohn vom Kindergarten ab und war auf dem Weg nach Hause.
> Es fing heftig an zu regnen, und innerhalb von

zehn Minuten hatte sich die Straße in einen rei-
ßenden Fluss verwandelt. Vor lauter Regen konnte
ich kaum etwas erkennen, doch es gab keinen
Platz, wo ich hätte anhalten können, also musste
ich weiterfahren. Ich bekam es mit der Angst zu
tun und bat Erzengel Michael, bei mir und meinem Sohn zu sein und uns zu helfen, heil nach
Hause zu kommen. Ich spürte seine Gegenwart im
Auto, und sogleich fühlte ich mich besser.

Ich machte mir immer noch Sorgen, doch da
ich sah, dass mein Sohn auch Angst hatte, riss
ich mich zusammen. In der Nähe unseres Hauses
musste ich durch eine Vertiefung in der Straße
fahren, die sich mit Regenwasser angefüllt hatte.
Ich merkte, wie die Autoreifen den Kontakt mit
der Straße verloren und mein Auto haltlos zu
schwimmen begann. Anderen Autos um mich
herum ging es nicht anders, und ich befürchtete,
wir würden alle ineinanderkrachen.

Irgendwie nahm ich meinen ganzen Mut zusammen und kam zu der Überzeugung, dass wir heil
nach Hause kommen und die Engel mir helfen
würden. Also rief ich mit befehlender Stimme:
»Erzengel Michael! Bitte, hilf mir jetzt sofort!
Sorge dafür, dass mein Sohn und ich heil nach
Hause kommen – *jetzt*!«

Genau in dem Moment merkte ich, wie die
Reifen wieder Halt auf der nassen Straße fanden,
doch der Motor starb ab. Noch einmal rief ich aus:
»Erzengel Michael! Bitte, lass meinen Motor *sofort*
anspringen!« ... und er sprang an! Als Nächstes
fühlte ich einen starken Stoß, und mein Wagen

wurde regelrecht aus der Senke hinauskatapultiert, bis er wieder fahren konnte. Noch einmal starb der Motor ab, doch mittlerweile waren wir so nahe an unserem Haus, dass mein Mann uns abholen konnte.

Als wir von meinem in seinen Wagen umstiegen, dankte ich Michael und den anderen Engeln. Und im selben Augenblick schaute ich nach unten und bemerkte ein paar Federn, die neben der Straße leise zu Boden schwebten!

Wieder einmal hinterließ Michael eine Visitenkarte – in diesem Falle Federn, damit Helen wusste, dass er es gewesen war, der ihr geholfen hatte. Zwei Dinge sind mir nach dem Lesen Tausender ähnlicher Berichte sehr klar geworden:

1. Die Engel wollen uns helfen, ein glücklicheres, sichereres und friedvolleres Leben zu führen.

2. Die Engel wollen uns wissen lassen, dass sie bei uns sind.

Anders als erdichtete Superhelden mit Umhängen scheint Michael keine Mühe zu scheuen, uns zu sagen: »*Ich* war es, der dich gerettet hat.« Dies ist Teil von Gottes Absicht, uns wissen zu lassen, dass wir für alle Zeiten bedingungslos geliebt und umsorgt sind. Die alten Glaubenssätze, die uns einreden, dass wir das Leid des Lebens allein ertragen müssen, sind genau das: alt. Und überholt. Heute wissen wir, dass das Leben eine gemeinschaftliche Schöpfung mit dem Göttlichen ist, da wir *Teil* des Göttlichen sind. Genau wie Eltern das Beste für ihre Kinder wollen, möchte der Schöpfer das, was für uns am besten ist.

Die Engel haben mir gesagt, dass ihre Hauptaufgabe darin besteht, Frieden auf die Erde zu bringen, und zwar jeweils immer nur einer Person. Das tun sie, indem sie Stress, Wut und Angst verringern. Sie haben mich informiert, dass es nicht die großen Dinge im Leben sind, die uns den größten Stress bereiten, sondern die zahllosen kleinen Reize, die sich ansammeln und unseren inneren Frieden stören, wie Holly Braschwitz entdeckte:

> Ich war mit meinem Freund im Auto unterwegs von Kalifornien nach Cleveland, Ohio. Als wir unsere lange Reise begannen, merkten wir, dass die Rücklichter an unserem Möbelanhänger immer wieder einen Kurzschluss hatten. Wir mussten auf den Seitenstreifen fahren und den Motor mehrmals ein- und ausschalten, bevor die Lichter wieder angingen. Jedes Mal wenn wir über eine Bodenwelle fuhren, mussten wir diesen Vorgang wiederholen.
>
> So ging es drei Stunden lang, als mir endlich der Gedanke kam, den Himmel um Hilfe zu bitten. »Erzengel Michael, bitte beschütze uns auf unserer Reise und sorge dafür, dass die Rücklichter an unserem Anhänger leuchten!«, flehte ich schließlich. Den Rest der Nacht hatten wir kein Problem mehr mit dem Licht. Am nächsten Tag bat ich Michael erneut, das Rücklicht brennen zu lassen – was er auch tat!
>
> Ich weiß, dass er uns auf unserer sehr langen Reise beschützt und dafür gesorgt hat, dass sie problemlos verlief.

Michael repariert also Automobile in der Absicht, uns und andere Fahrer zu beschützen. Die allumfassende Liebe des Erzengels hilft uns, Sicherheitsrisiken zu vermeiden. Außerdem hilft er uns, den Stress finanzieller Sorgen bezüglich Autos zu mindern, wie eine Frau namens Jennene entdeckte:

> Letzten Sommer fing unser Auto plötzlich an, Schwierigkeiten zu machen. Es ruckelte und schaltete in den unpassendsten Momenten auf unerklärliche Weise in einen anderen Gang. Mein Vater, von Beruf Mechaniker, bestätigte, dass es ein Problem mit dem Schaltgetriebe gab.
>
> Nun, wir waren genervt, um es gelinde auszudrücken, denn wir hatten nicht genug Geld, unser Auto reparieren zu lassen, geschweige denn ein neues zu kaufen. Wir hatten uns finanziell völlig verausgabt und wussten nicht, was wir tun sollten. In dieser Situation erinnerte ich mich an Doreens Äußerung, dass Erzengel Michael mechanische Geräte repariert. Da ich daran glaubte, bat ich ihn, uns zu helfen und unser Auto zu reparieren.
>
> Im nächsten Augenblick merkte ich, dass der Wagen nicht mehr ruckelte und bockte. Ich war sicher, dass dies auf Michaels Intervention zurückzuführen war. Mein Mann jedoch wollte es ganz genau wissen und fuhr mit dem Wagen an zwei verschiedenen Tagen zu einer Werkstatt. Beide Male sagten die Mechaniker, dass die Gangschaltung in Ordnung sei und sie auch sonst keine Fehler finden könnten. Also sagte ich meinem Mann, dass Erzengel Michael unser Auto für uns repariert habe. Ihm fiel keine andere Erklärung ein, da

alles wunderbar funktionierte. Heute ist er viel schneller bereit, an die himmlischen Kräfte zu glauben.

Michaels Eingreifen stärkte den Glauben von Jennenes Ehemann, was ein Grund dafür ist, warum der Erzengel uns häufig auf solch bemerkenswerte und praktische Weise hilft.

Auch die folgende Geschichte von Desiree Heinen zeigt den spirituellen Heilungseffekt der Intervention des Erzengels. Nachdem Michael auf ihre Bitte bei einem Autoproblem umgehend geholfen hatte, glaubte sie mehr denn je an Gott und die Engel:

> Am Neujahrsabend 2005 fuhr ich gegen drei Uhr früh nach Hause. Ich war ungefähr noch zwei Stunden von meiner Wohnung entfernt und dachte darüber nach, wie ich den emotionalen Schmerz loslassen konnte, den ich 2004 erfahren hatte. Ich wollte mein Herz heilen, damit die negativen Muster des vergangenen Jahres mir nicht in das neue folgen würden. Ich fuhr, weinte und war zugleich wütend auf mich selbst, das Universum, sogar Gott und Erzengel Michael! Ich fühlte mich total verlassen.
>
> Außerdem war ich völlig genervt von dem ständigen Ärger mit dem Licht am Armaturenbrett, das anzeigt, wenn irgendetwas mit dem Motor nicht stimmt. Das Licht war immer an, obwohl ich es schon mehrmals hatte überprüfen lassen und alles in Ordnung war. Ich hatte gelernt, mit diesem gelben Leuchten zu leben, das mich zu ver-

spotten schien, doch in dieser Nacht konnte ich meinen Zorn nicht länger im Zaum halten!

Als ich also an jenem Neujahrsmorgen dahinfuhr und meine Wut hinausschrie, fiel mein Blick wieder auf das Leuchten am Armaturenbrett, was mich noch wütender machte. Ich erinnere mich, wie ich mit lauter Stimme brüllte: »Michael, wenn du so viel Macht hast, warum schaltest du dann nicht dieses Licht aus?!«

Im nächsten Moment schämte ich mich für meinen unbeherrschten Ausbruch. Ich fuhr gerade auf einer einsamen und verlassenen Landstraße und war von mir selbst angewidert. Dann sah ich den Mond am Himmel auf eine Weise, wie ich ihn noch nie gesehen hatte … es war atemberaubend!

Als ich meine Aufmerksamkeit wieder aufs Fahren lenkte, empfand ich ein wunderbares Gefühl von Frieden um mich und in mir. Ich blickte auf das Armaturenbrett und sah, dass das Licht nicht mehr leuchtete! Nachdem mich dieses gelbe Licht ein Jahr lang genervt hatte, leuchtete es jetzt nicht mehr. Ich war so perplex, dass ich an den Straßenrand fuhr, einfach nur dasaß und darauf starrte in der Erwartung, dass es jeden Moment wieder angehen würde. Das geschah aber nicht. Ich begann zu schluchzen, und hin- und hergerissen zwischen Lachen und Weinen dankte ich Michael. Ich entschuldigte mich für meinen Wutausbruch und sagte ihm, dass er einfach toll sei!

Von diesem Augenblick an änderte sich mein Leben. Das Jahr 2005 war eine enorme Zeit des Wachstums für mich, und dank der Führung Gottes und der Engel löste ich alle meine Probleme. Mit Michaels Hilfe gab ich meine negative Denkweise und Reaktion auf das Leben auf. Heute gehe ich wahrhaftig mit Gott.

Ich danke dem Himmel und meinen Engeln jeden Tag für alles; und Michael verlässt mich nie, er ist immer an meiner Seite.

Elektronische Reparaturen

Gott und die Engel sind grenzenlose Wesen und daher in der Lage, allen Menschen gleichzeitig zu helfen. Ich erwähne dies, weil es bei dem nächsten Thema gelegentlich zu Missverständnissen kommt, wenn Menschen zum Beispiel sagen, es sei nicht rechtens, Engel um Hilfe zu bitten, da sie Wichtigeres zu tun haben. Diese Leute glauben häufig auch, dass unser Schöpfer uns leiden sehen will. Doch wann immer ich Gott und die Engel darüber befrage, höre ich jedes Mal die beruhigende Zusicherung ihrer grenzenlosen Liebe und Verfügbarkeit. Sie möchten, dass wir friedvoll und glücklich sind, so wie es sich alle liebevollen Eltern für ihre Kinder wünschen.

Wenn wir also Erzengel Michael bitten, ein elektronisches Gerät, einen Kühlschrank, eine Waschmaschine oder Ähnliches zu reparieren, ist dies Teil von Gottes Plan für Frieden in der Welt. Denn schließlich wirkt es sich auf Sie (und die Menschen in Ihrer Umgebung) negativ aus, wenn Sie wegen eines defekten Geräts wütend werden. Wäre die Welt nicht friedlicher, wenn diese Art von Stress reduziert oder beseitigt würde? Aus diesem Grund ist Michael so geschickt darin, uns allen zu einem harmonischeren Leben zu verhelfen ...

147

und dazu gehört auch unsere Beziehung zu elektronischen Geräten, die aus unserem modernen Leben nicht mehr wegzudenken sind.

Die nächsten beiden Geschichten zeigen auf, wie Erzengel Michael zwei elektronische Geräte, die ins Wasser gefallen waren, »wiederbelebte«. Falls Sie schon einmal mit einem nass gewordenen Gerät zu tun hatten, wissen Sie, dass dies in der Regel dessen Ende bedeutet ... es sei denn, Sie bitten Erzengel Michael um Hilfe, wie LeAnn Harmon es tat:

> Ich hatte wenig Geld, und als mein Handy versehentlich in ein Glas Wasser fiel, zuckte ich zusammen und sagte sofort: »Erzengel Michael, bitte repariere mein Handy. Ich kann es mir einfach nicht leisten, ein neues zu kaufen. Ich wäre dir sehr dankbar, wenn du meine Bitte erfüllen könntest.«
>
> Ich probierte das Handy aus, doch es ließ sich nicht einschalten, also rief ich die Herstellerfirma an. Als ich den Verkäufer fragte, ob das Telefon je wieder funktionieren würde, lachte er nur und machte mir ein gutes Angebot für ein neues Handy. Doch ich wollte nur, dass meins wieder ging, damit ich nicht all die gespeicherten Telefonnummern verlieren würde.
>
> Ich hatte das intuitive Gefühl, dass ich das Handy an das Aufladegerät anschließen sollte, wie ich es normalerweise über Nacht tue. Als ich am nächsten Morgen aufwachte und das Handy ausprobierte, funktionierte es einwandfrei! Das ist jetzt sechs Wochen her, und es geht immer noch! Ich weiß, dass ich dies Wunder Erzengel Michael

verdanke – wie auch all die anderen guten Dinge,
die mir an jenem Tag passiert sind!

Ähnlich wie bei LeAnn zeigt die folgende Geschichte, wie
Michael ein elektronisches Gerät reparierte, das ins Wasser
gefallen war. Als Ana Cristina Brazetas Sohn mit seinem iPod
in den Swimmingpool sprang, nahm jeder an, dass der iPod
nicht mehr zu retten war – außer Ana, die Michael um Hilfe
bat. Diese Geschichte ist ein weiteres Beispiel dafür, wie der
Erzengel Menschen zu Hilfe kommt: nicht weil materielle
Wünsche im Vordergrund standen, sondern weil menschliche
Emotionen im Spiel waren:

> Mein fünfzehnjähriger Sohn Pedro sprang mit
> seinem neuen iPod, der sich in der Tasche seiner
> Badehose befand, in den Swimmingpool. Natür-
> lich wurde das Gerät nass und funktionierte nicht
> mehr. Der kleine Bildschirm war von innen total
> beschlagen, und man konnte nichts mehr erken-
> nen. Pedro war bekümmert und traurig und ver-
> suchte, den iPod mit einem Föhn zu trocknen.
> Mehr war nicht möglich, denn wir konnten das
> Gerät nicht öffnen, um es auch innen zu trocknen.
> Ich erinnerte meinen Sohn daran, dass Erz-
> engel Michael ein wunderbares Talent habe, elek-
> trische Geräte zu reparieren. Außerdem erzählte
> ich ihm eine Geschichte aus einem der Bücher von
> Doreen, der zufolge Michael den Computer eines
> Ehepaares von Viren befreite und ihn auf diese
> Weise wieder funktionsfähig machte. Ich erklärte
> ihm, wie machtvoll Michael ist und wie gerne er
> uns allen hilft, solange wir um seine Hilfe bitten

und Vertrauen haben, dass er uns antworten wird. Ich sagte: »Für Michael ist nichts unmöglich.« Ich schlug vor, Pedro solle den Erzengel bitten, seinen iPod zu reparieren.

Pedro ging nach oben in sein Zimmer, während ich Michael bat, meinem Sohn zu helfen und sein Gebet zu erhören, das durchnässte Gerät wieder funktionsfähig zu machen. Als Pedro eine knappe Stunde später wieder nach unten kam, strahlte er übers ganze Gesicht. Er zeigte mir seinen iPod: Das Gerät war wieder in Ordnung, und der Bildschirm wies keine Spuren von Feuchtigkeit mehr auf. Der iPod war so gut wie neu! Ich fragte Pedro, ob er Erzengel Michael um Hilfe gebeten habe, woraufhin er nickte.

Bis auf den heutigen Tag ist der iPod meines Sohnes in perfektem Zustand, und ich bin sicher, dass er auch weiterhin funktionieren wird. Heute glaubt Pedro an die Macht der Engel und wirft mir nicht mehr skeptische Blicke zu so wie früher, wenn ich über diese Himmelswesen spreche. Wir dankten beide Michael für seine göttliche Intervention und erzählen immer wieder gerne Freunden und der Familie diese Geschichte.

Genau wie Ana bat auch Belinda Morby Erzengel Michael, ihrem Sohn zu helfen. Bemerkenswert dabei ist, wie Michaels Intervention Belindas Glauben stärkte – ein wunderbares Resultat der Hilfe des Erzengels:

Mein zehnjähriger Sohn Joe war verärgert, denn es sah so aus, als hätten alle seine elektronischen

Lieblingsgeräte auf einmal den Geist aufgegeben. Ein Knopf am Fernseher in seinem Zimmer ließ sich nicht mehr drücken, und sein Lieblingsfilm steckte im DVD-Player fest. Er versuchte, eine andere DVD auf seinem Computer zu spielen, doch auch der streikte!

Da Joe derart genervt war, ging ich in mein Schlafzimmer und bat Erzengel Michael, den Computer zu reparieren. Am nächsten Morgen funktionierte er einwandfrei!

Von diesem Erfolg ermutigt, fragte ich Michael, ob er denn auch den Fernseher reparieren könnte. Zugegebenerweise hatte ich meine Zweifel, weil der Einschaltknopf kaputt war. Doch meine Unsicherheit schreckte den Erzengel nicht ab – fest steht, dass der Fernseher bald wieder lief!

Ich sagte zu Michael: »Danke ... ich danke dir sehr!« – nicht nur für die Reparatur von Computer und Fernseher, sondern auch dafür, dass er meinen Glauben verzehnfacht hatte!

Falls Sie je Probleme mit einem langsamen Computer hatten, werden Sie Kathleen Buchanas Frustration verstehen. Sie berichtet:

Mein Computer ist schon recht alt. Wenn er extrem langsam wird oder abstürzt, rufe ich Erzengel Michael um Hilfe und sage: »Danke, danke, danke, Michael!« Es funktioniert *immer*!

Auch ich habe schon häufig Michael um Hilfe bei Problemen mit meinem Computer gebeten, daher kann ich Kathleens

Geschichte gut verstehen, genau wie die von Armida Miranda. Sie erzählt:

Ich arbeite zu Hause, und eines Tages, als ich mich einloggte und meine E-Mails lesen wollte, war alles auf meinem Bildschirm völlig durcheinander. Ich schaltete den Computer ab und startete ihn erneut, aber nichts änderte sich. Das wiederholte ich mehrmals und ließ dann die Antiviren- und Anti-Spyware-Programme durchlaufen. Ich unternahm alles Mögliche, doch der Computerbildschirm zeigte nur schwarze und blaue Streifen. Ich wusste nicht mehr weiter.

Ich rief einen Freund an, der sich gut mit Computern auskennt, und hinterließ eine Nachricht auf seinem Anrufbeantworter. Außerdem rief ich mehrmals beim technischen Kundendienst der Herstellerfirma an, wurde aber jedes Mal in die Warteschleife gelegt und kam nie bis zu einem Techniker durch.

Ich versuchte zwar alles Mögliche, aber das Allerwichtigste vergaß ich: meine Engel um Hilfe zu bitten. Schließlich schaltete ich den Computer ab, ging in ein anderes Zimmer, beruhigte mich und bat Erzengel Michael um Unterstützung. Ich flehte ihn an, alles in seinen Kräften Stehende zu tun, um meinen Computer zu reparieren. Nach diesem Bittgebet fühlte ich mich froh und erleichtert, da ich einfach *wusste*, dass Michael mir helfen würde.

Am nächsten Morgen schaltete ich den Computer an, als wäre es ein ganz normaler Tag und als hätte es nie ein Problem gegeben ... und was glauben Sie? Genauso war es, ein ganz normaler Tag, und ein Problem gab es auch nicht mehr! Erzengel Michael war da und ließ mich wissen, dass ich nichts anderes tun musste, als zu fragen. Und so ist es. Ich kann nur sagen, dass ich seine Hilfe in allen Lebenslagen liebe und von Herzen dankbar bin.

Michael ist für uns da, wo auch immer wir uns gerade aufhalten, wie die nächste Geschichte einer Frau namens Shanttelle zeigt. Sie beschreibt, wie ihre Ferien gerettet wurden, als der Erzengel ihre Kamera reparierte:

Ich war an diesem Tag in Sydney und wollte am nächsten Morgen nach Perth zurückfahren, wo ich wohne. Ich freute mich darauf, mir die Stadt anzusehen und Fotos zu machen, die ich zu Hause meinen Freunden und der Familie zeigen konnte.

Ich bestieg den Monorail in Sydney und beschloss, die Stadt aus dieser höheren Perspektive zu fotografieren. Ich drückte den Einschaltknopf der Kamera, doch nichts passierte! Ich wartete einen Moment und versuchte es erneut ... wieder nichts. Ich hatte gerade erst neue Batterien eingelegt und konnte mir nicht erklären, warum die Kamera nicht funktionierte.

Also rief ich Erzengel Michael zu Hilfe und bat ihn, die Kamera wieder funktionsfähig zu machen, damit ich so viele Fotos machen konnte, wie ich wollte. Ich drückte erneut auf den Knopf, und dieses Mal klappte es! Ich war in der Lage, viele

Aufnahmen zu machen, vor allem von dem wunderbaren Chinesischen Garten. Danke, Erzengel Michael!

Manche Menschen denken vielleicht, es sei trivial, sich nur wegen der Reparatur eines elektrischen Geräts an die Engel zu wenden, doch jede dieser Geschichten zeigt, wie Michaels Intervention Frieden und Erleichterung gebracht hat. In der folgenden Geschichte der jungen Studentin Asfiya Habib rettete Michaels Reparaturarbeit zudem einen Collegekurs:

Ich mache gerade meinen Doktor in Pharmazie und besuche zu diesem Zweck eine Schule, die Live-Vorlesungen von Professoren an einer weit entfernten Universität überträgt. Die Vorlesungen werden über Telefonleitungen zu sieben abgelegenen Schulen in Florida gesendet.

Eines Abends gab es technische Probleme, und die Schule versuchte alles, um die Leitungen wieder freizubekommen. Nach einer halben Stunde fing ich jedoch an, mich darüber zu ärgern, dass meine anderthalbstündige Fahrt zur Schule vielleicht umsonst gewesen sei.

Also bat ich Erzengel Michael: »Bitte sorge dafür, dass dieser Abend nicht vergeudet ist. Bitte hilf den Technikern, die Verbindung wiederherzustellen.«

Innerhalb von fünf Minuten funktionierten die Telefonleitungen wieder und alle Sites waren online! Das Ganze war so schnell nach meinem Gebet passiert, dass es nur eine Erklärung dafür gibt: Erzengel Michael hatte helfend eingegriffen.

Wenn der nächste Bericht von Kevin Stewart einigen Lesern vielleicht ein wenig zu trivial erscheint, so ist er meiner Meinung nach ein bezauberndes Beispiel dafür, wie Erzengel Michael bemüht ist, den ganz alltäglichen Stress der Menschen zu verringern:

> Eines Abends wollte ich mir eine DVD anschauen, als plötzlich das Gerät blockierte und nichts mehr ging. Es war mir zwar möglich, entweder die DVD aus dem Gerät herauszunehmen oder auf »Play« zu drücken, doch gleich darauf war wieder alles blockiert. Je öfter ich oder meine Partnerin versuchten, das Gerät wieder in Gang zu bringen, desto schlimmer wurde es.
>
> Schließlich erinnerte ich mich an Doreens Worte, dass Erzengel Michael auch Mechaniker sei. Und so bat ich ihn, den DVD-Player zu reparieren. Das tat er – und sofort funktionierte das Gerät wieder, als hätte es nie ein Problem gegeben. Und heute, Jahre später, funktioniert es immer noch.

Ich liebe Kevins Geschichte, da sie auch zeigt, dass die Engel uns immer einen Schritt voraus sind, egal wie fortschrittlich unsere Technologie ist.

Haushaltsreparaturen

Unser Zuhause bietet uns viel mehr als nur ein Dach über den Kopf. Es ist unser Rückzugsgebiet vom Stress der Außenwelt ... jedenfalls so lange, bis etwas Stressiges in unserem Heim passiert, etwa Probleme mit Wasser, Elektrizität oder Heizung. Das ist der Zeitpunkt, sich an einen Experten zu wenden, und es gibt keinen besseren als Erzengel Michael.

Für aufgeschlossene Menschen ist es ein Vergnügen, sich Michael in seinem Dienstanzug mit der passenden Kopfbedeckung vorzustellen, wie er vor ihrem Haus mit einem überirdischen Werkzeugkasten aus seinem himmlischen Lieferwagen steigt. Ohne Frage hilft er uns aus reiner Liebe bei unseren Problemen im Haushalt. Sein Dienst ist sein Geschenk an uns; und seine Belohnung ist unsere Freude und unser wiederhergestellter Frieden. (Natürlich tut es nicht weh, ihm nach getaner Arbeit zu danken!)

Als Cory Silvestri und ihr Mann Erzengel Michael baten, ihnen bei einem Problem mit der Spülung im Badezimmer zu helfen, sahen sie umgehend das Resultat:

> Ich hörte mir gerade ein Seminar von Doreen im Radio an, wo sie über Erzengel Michaels Fähigkeit sprach, Dinge zu reparieren, einschließlich Computern und Rohrleitungen. Nun, mein Mann Jimmy hatte seit über einer Woche versucht, einen tropfenden Wasserhahn in unserem Badezimmer zu reparieren. Er erlebte eine kleine Frustration nach der anderen, und ich spürte, dass er immer genervter wurde.

Also bat ich Michael, Jimmy bei dem neuesten Problem zu helfen – dem linken Waschbecken im Badezimmer. Innerhalb von 30 Minuten verkündete mein Mann: »Alles in Ordnung!« Ich lachte in mich hinein und gratulierte ihm für seine großartige Leistung.

Ein paar Minuten später kam er jedoch ganz bestürzt ins Zimmer zurück, um mir zu sagen: »Jetzt tropft der Hahn im *rechten* Waschbecken!« Ich dachte an meine Bitte zurück, und mir fiel auf, dass ich sehr spezifisch war, als ich Michael bat, das *linke* Waschbecken zu reparieren. Daher bat ich ihn dieses Mal, sich um den tropfenden Wasserhahn im rechten Waschbecken zu kümmern.

Mein Mann war zu erschöpft und frustriert, um sich an diesem Abend weiter mit diesem Problem zu beschäftigen. Doch als er sich am nächsten Tag erneut der Sache annehmen wollte, entdeckte er, dass das Problem behoben war! Jimmy fragte mich, ob ich es repariert habe, worauf ich schmunzelnd erwiderte: »Nein, nicht wirklich.« Dann erzählte ich ihm, dass Erzengel Michael die beiden Waschbecken repariert habe.

Das Schönste an dieser Erzengel-Intervention war, dass mein Mann und ich sie gemeinsam erlebten!

Vielleicht hatte Michael bei seiner Hilfe auch die Absicht, Cory und ihren Mann durch ihr gemeinsames Engel-Erlebnis einander näherzubringen. Ohne Frage verändert eine solche göttliche Intervention das Leben auf positive Weise. Wenn man sie also mit einem Partner erfährt, kann dies für beide ganz besonders wohltuend sein, weil dann ihr spirituelles Wachstum auf dem Fundament des Glaubens an Wunder basiert.

Auf ähnliche Weise half Michael Tracy Griffith, ihre frühen Morgenstunden etwas mehr zu genießen, indem er die Zünd-flamme in ihrem Gasofen reparierte:

> Wir wohnen in einem sehr alten Haus, und den ganzen Winter lang ging die Zündflamme im Gas-ofen jedes Mal ungefähr eine halbe Stunde nach dem Anzünden wieder aus. Der Ofen ist schon sehr alt und daher laut, wenn die Zündflamme brennt, also schalten wir ihn abends vor dem Schlafengehen aus. Das Neuanzünden am Morgen war stets sehr frustrierend. Schließlich wurde mir klar, dass dies ein Job für Erzengel Michael war! Also wandte ich mich mit lauter Stimme an ihn: »Bitte hilf mir, die Zündflamme zum Brennen zu bringen, und lass sie brennen, bis ich den Gasofen am Abend wieder ausschalte.«
>
> Seither brennt die Zündflamme immer, bis ich sie abends ausdrehe, und sollte ich jemals wieder Schwierigkeiten haben, sie anzuzünden, rufe ich Michael um Hilfe – und gleich funktioniert sie wieder aufs Allerbeste!

In der nächsten Geschichte, die nicht direkt etwas mit einem technischen Haushaltsproblem zu tun hat, geht es darum, dass Michael ein Türschloss reparierte. Ich beschloss, die Geschichte von Kathy in diesem Kapitel wiederzugeben, weil sie eine wunderbare Erinnerung daran ist, dass der Erzengel uns sowohl zu Hause als auch an jedem anderen Ort, wo immer wir uns auch aufhalten, helfen kann:

Mein Mann und ich waren vor einiger Zeit in Urlaub. Unser Rückflug sollte erst am späten Abend gehen, was bedeutete, dass wir noch den ganzen Tag am Strand liegen konnten.

Nach einem wundervollen Tag beschlossen wir, ins Hotel zurückzugehen, unsere Koffer zu packen und den Bus zum Flughafen zu nehmen. Im Hotel angekommen, mussten wir jedoch feststellen, dass die Karte zum Öffnen unserer Zimmertür nicht funktionierte! Wir versuchten es immer wieder, doch es half alles nichts, die Tür blieb verschlossen. Als der hoteleigene Handwerker kam, erklärte er, dass nicht unser Schlüssel das Problem sei, sondern die Karte nicht gelesen werden könne. Er sagte, wir sollten uns ein wenig gedulden, er käme sofort mit seinem Werkzeug zurück.

Kaum war er gegangen, als uns ein anderes Ehepaar erzählte, dass ihr Schloss am Tag zuvor auch nicht funktioniert habe und sie drei Stunden auf die Reparatur warten mussten! Ich war total nervös und wütend, da uns nur noch 45 Minuten blieben, um zu packen, auszuchecken und unseren Bus zu bekommen. Mein Mann prüfte, ob eines der Fenster oder die Schiebetür zum Balkon geöffnet werden konnte, doch vergeblich.

Schließlich schloss ich meine Augen und bat Erzengel Michael, uns zu helfen und die Tür zu öffnen. Ich versuchte es noch einmal mit der Schlüsselkarte, ohne Erfolg. Auch mein Mann versuchte noch einmal sein Glück mit der Schiebetür. Erneut schloss ich die Augen und wiederholte meine Bitte. Nichts. Mittlerweile waren meine Gefühle im Aufruhr und ich war traurig, da ich dachte, niemand würde meine Bitte um Hilfe hören. Dann sagte ich innerlich: »*Erzengel Michael, öffne unverzüglich diese Tür!*«

Kaum hatte ich diesen Gedanken ausgesprochen, öffnete mein Mann die Schiebetür! Er hatte noch einen Versuch unternommen, und dieses Mal ließ sich der Riegel bewegen und aufschließen. Für ihn war das völlig unerklärlich, doch ich wusste in meinem Herzen, dass Erzengel Michael mein Flehen gehört hatte und zu unserer Rettung gekommen war!

Während des ganzen Heimflugs umgab ein herrliches Gefühl mein Herz, wusste ich doch, dass die Engel bei uns waren, bereit uns zu helfen, wann immer wir ihre Hilfe benötigten.

Und dann gibt es noch diese besonderen Zeiten ...

Gelegentlich repariert Michael nicht das Auto, den Computer oder andere Geräte, obwohl wir ihn darum gebeten haben. In diesen Fällen, so habe ich festgestellt, beschützt er uns. Zum Beispiel wenn eine Frau versucht, eine beleidigende E-Mail an eine Kollegin zu schicken, und in dem Moment die Internetverbindung auf einmal streikt. Oder der Mann, der im betrunkenen Zustand in sein Auto steigt und feststellt, dass der Motor nicht anspringt.

Manchmal macht der Erzengel absichtlich Gegenstände kaputt (vorübergehend natürlich), um uns eine Pause zum Nachdenken zu geben, bis wir vernünftiger und besonnener handeln können. Zu anderen Zeiten verzögert er seine Reparaturen, um uns zu schützen, wie Claire Jenning entdeckte:

> Ich verkaufe Bücher bei Ausstellungen, Festivals und auf Märkten. Einmal bot man mir anlässlich eines Buchfestivals einen Platz für meinen Verkaufsstand an. Doch ich befürchtete, fehl am Platz zu sein, da ich neue Bücher verkaufe, während alle anderen nur gebrauchte, antiquarische und seltene Exemplare anboten. Ich geriet in Panik und beschloss, nicht an dem Festival teilzunehmen, auch wenn die Einladung auf magisch-synchronistische Weise zu mir gekommen war.
>
> Ich formulierte gerade meine Absage in einer E-Mail, als mitten im Satz mein Computer abstürzte! Ich brachte ihn wieder zum Funktionieren und setzte meine Mail fort, doch dann stürzte er erneut ab! Ich versuchte es ein drittes Mal, mit dem gleichen Ergebnis. Und dieses Mal gelang es mir nicht einmal, den Computer auszuschalten.
>
> Ich begann zu weinen und rief: »Okay, Erzengel Michael, ich verstehe!« Ich wusste einfach, dass er dahintersteckte, denn er war es, der mich angeleitet hatte, auf Festivals Bücher zu verkaufen. Also appellierte ich an ihn: »Bitte repariere meinen Computer, denn ich brauche ihn.« Dann ging ich aus dem Zimmer, um mich zu beruhigen. Als ich ein paar Minuten später wieder zurückkam, funktionierte der Computer einwandfrei, ohne dass

ich ihn neu starten musste. Außerdem lag gleich daneben eine große, flaumige Feder, die vorher nicht da gewesen war – und ich wusste sofort, dass sie von Erzengel Michael kam. Das Festival war ein großer Erfolg, und ich nahm beim Verkauf meiner Bücher mehr als 1500 Dollar ein!

Alle Abbildungen, die Michael mit einem Schwert in der Hand über einem wilden Tier stehend zeigen, veranschaulichen, wie der Erzengel grässliche Angst überwindet. Vielleicht strahlt er am hellsten, wenn es darum geht, die Welt mit Liebe und Frieden zu erleuchten, indem er Ängste, Phobien und Negativität ausmerzt, wie wir im folgenden Kapitel näher erforschen werden.

Siebtes Kapitel

Michael beseitigt
Ängste, Phobien und Negativität

Wann immer Sie Angst haben, Erzengel Michael kann helfen. Er bietet Schutz und Sicherheit, schenkt Selbstvertrauen und beseitigt die Quelle der Angst, denn das beste Gegenmittel gegen diese negativen Emotionen ist spiritueller Natur, wie Sie in diesem Kapitel lesen werden.

Es ist eine gute Idee, sich an Michael zu wenden, sobald Sie Angst verspüren. Außerdem können Sie ihn bitten, Ihren Kindern und anderen geliebten Menschen zu helfen, wie Maria Beaudoin es für ihren Sohn tat:

> Mein zehn Monate alter Sohn ist die Freude und Wonne meines Lebens! Ich wusste nicht, dass Muttersein so wunderbar sein kann. Eines frühen Morgens wachte er plötzlich von einem lauten Geräusch von draußen auf und begann zu weinen. Ich wusste, dass er beunruhigt sein musste, da er normalerweise sehr tief schläft und immer erst später aufwacht. Ich bat die Engel, ihm zu helfen, sich zu beruhigen und wieder einzuschlafen, doch er schrie weiter. Schließlich wandte ich mich an

Erzengel Michael (den ich den »Erzengel-Problem-
löser« nenne), damit er ihn besänftigte. Im nächsten Moment wurde mein Sohn plötzlich ganz
ruhig, hörte auf zu schreien und schlief wieder
ein! Danke, Michael!

Manchmal wird die Angst so lähmend, dass sie in eine Phobie
ausartet und das Verhalten eines Menschen diktiert. Doch
egal worauf die Angst oder Phobie zurückzuführen ist,
Michael kann in jedem Fall willkommene Erleichterung
bringen, wie Ruth Vejar Ahlroth erfuhr:

Ich hatte mich für einen Workshop in Los Angeles angemeldet. Das war der leichteste Teil. Schwie-
riger war, dass ich schreckliche Angst davor hatte,
allein mit dem Auto zu fahren. Ich bin nämlich 65
Jahre alt, und bisher hatten immer mein Mann
oder meine Tochter mich gefahren, wenn ich ir-
gendwohin musste – das hieß überallhin, was
mehr als 50 Kilometer entfernt war.

Weder mein Mann noch meine Tochter konnte
mich zu diesem Workshop fahren, daher dachte
ich daran, doch nicht teilzunehmen. Aber an dem
Tag, an dem ich absagen wollte, ging ich in einen
Buchladen, und da fiel mir Doreen Virtues Buch
Die Erzengel und wie man sie ruft in die Hände. Ich
schlug das Kapitel über Erzengel Michael auf und
las, wie man ihn bitten kann, Angst zu überwinden. Ich dachte: *Nun, was hab ich schon zu verlieren?*

Am nächsten Tag begann mein Workshop. Ich
setzte mich ins Auto, und als ich losfuhr, bekam
ich heftiges Herzklopfen. Ich sagte zu Michael:

»Okay, lass uns das gemeinsam durchziehen. Ich habe eine Riesenangst. Bitte komm und fahre mit mir zu dem Workshop und nimm mir die Angst.« Auf dem ganzen Weg nach Los Angeles konnte ich die Gegenwart des Erzengels spüren, die Fahrt war sicher und angenehm, und ich hatte nicht einen Moment Angst. Heute kann ich praktisch überallhin fahren. Welch herrliche neue Freiheit!

Erzengel Michael heilt also Phobien, indem er sowohl das Selbstvertrauen und den Mut des Betreffenden stärkt als auch echten Schutz und Sicherheit bietet. Er vertreibt Ängste jeglicher Art, wie eine Frau namens Barbara entdeckte:

Ich habe seit jeher Angst vor dem Wind gehabt. Wann immer es wirklich stürmisch wurde, ging ich mit Decke und Kopfkissen nach unten und schlief im Untergeschoss auf dem Boden. Auf diese Weise befand ich mich in unserem Haus an einem Ort, der am weitesten von dem Wind entfernt war. Dennoch konnte ich in solchen Nächten nie einschlafen.

All das änderte sich, als meine Cousine, die Doreen Virtues *Angel-Therapy-Programm* absolviert hatte, mich mit Erzengel Michael bekannt machte. Sie zeigte mir, wie ich ihn um Schutz anrufen konnte.

Als der nächste Sturm angekündigt wurde, schloss ich die Augen und bat Erzengel Michael, den Sturm zu bändigen und dafür zu sorgen, dass ich in meinem Haus in Sicherheit war. Außerdem bat ich ihn, mir meine Angst ein für alle Mal zu nehmen. Ich dankte ihm für seine Zeit und Hilfe, und nach einigen stillen Momenten des Betens verabschiedete ich mich von ihm.

Es war wirklich ein Hundewetter, und der Wind blies so heftig, dass mir ein wenig mulmig wurde. Als ich jedoch ins Bett ging, war mir, als würde ich eine andere Welt betreten – beschützt von dem mächtigen Erzengel Michael selbst. Draußen heulte der Wind, doch mein Zimmer war eine Oase der Ruhe. Das Gefühl der Ruhe war so groß, dass ich nur noch weinen und Michael für den Schutz danken konnte, den er mir angedeihen ließ.

Heute fürchte ich mich nicht mehr so sehr vor dem Wind wie früher, doch habe ich einen gesunden Respekt vor den Elementen. Auch nehme ich meine Sicherheit nicht als selbstverständlich hin. Wenn der Wetterdienst Stürme vorhersagt, bitte ich auch heute jedes Mal Erzengel Michael um seinen Schutz und danke ihm im Voraus.

Menschen, die Michael um Schutz gebeten haben, berichten, dass ihre Ängste und Phobien umgehend verschwanden. Und wie Alexandra Laura Payne feststellte, werden Ängste durch wundervolle, friedliche Gefühle ersetzt:

Ich habe eine besonders irrationale, aber dennoch ausgeprägte Angst vor Spinnen. Eines Nachts hatte ich einen sehr lebhaften, aufwühlenden Traum, in dem ich von einer Spinne gejagt wurde. Ich wachte schweißgebadet und in einem Zustand der Paranoia auf, glaubte, dass in allen Ecken des Zimmers jede Menge gefährliche Spinnen lauerten. Innerlich rief ich Erzengel Michael um Hilfe und spürte umgehend seine machtvolle, beruhigende Gegenwart neben mir. Ich konnte hören, wie er sagte, dass ich mich vor nichts fürchten müsse, und ich sah vor meinem inneren Auge, wie er einen indigoblauen Umhang wie eine schützende Decke über mich ausbreitete.

Ich hatte schon früher Michaels schützende Macht erlebt, doch war ich überwältigt von der umgehenden Wirkung, die sie dieses Mal auf mich hatte! Im Nu waren alle meine Ängste verschwunden und durch einen himmlischen inneren Frieden ersetzt.

Ich dankte Michael und erinnere mich noch heute an das beruhigende Lächeln auf seinem Gesicht, bevor ich wieder einschlief und am nächsten Morgen erfrischt und ausgeruht aufwachte.

Als ich vor vielen Jahren als Psychotherapeutin arbeitete, kamen viele, viele Klienten zu mir, die an ausgeprägter Flugangst litten, unter ihnen sogar ein Reporter des lokalen Fernsehsenders in Nashville, Tennessee. Ich erwähne dies, weil ich zwar im Laufe der Jahre mit vielen nervösen und ängstlichen Flugpassagieren gearbeitet habe, die Situation heute aber völlig anders handhaben würde. Wo ich früher Hypnotherapie einsetzte, verlasse ich mich jetzt auf die heilenden Kräfte Gottes und der Engel.

Eine Frau namens Cristal Marie erlebte, wie Erzengel Michael sie *während* des Flugs beruhigte. Bemerkenswert dabei ist, dass sie Michaels Hilfe an seiner bezeichnenden warmen

Energie erkannte:

Ich hatte große Angst vor dem Fliegen. Auf jedem Flug begann ich sofort zu zittern, mein Mund wurde trocken, ich wurde leichenblass und mir war angst und bange. Jedes Mal rief ich Engel und Feen an meine Seite, damit sie mir Zuversicht und Mut geben und ich mit der Situation umgehen konnte. Dank ihrer Hilfe beruhigte ich mich während der Flüge dann zwar ein wenig, doch wann immer das Flugzeug auch nur ein wenig ruckelte, kam die alte Angst mit ganzer Wucht zurück. Ich war überzeugt, dass mir keiner helfen konnte, und glaubte, dass die Engel und Feen letzten Endes doch nur ein Trugbild waren. Ich war verzweifelt, fühlte mich allein und war sicher, dass mir im Falle eines Absturzes niemand beistehen könnte. Es war schrecklich!

All das änderte sich jedoch dank Erzengel Michael. Es geschah auf einem Flug von New York nach Santo Domingo, als die Turbulenzen so stark wurden, dass sich sogar die Stewardessen anschnallen mussten – und eine von ihnen in Tränen ausbrach! Das Flugzeug schien ins Nichts zu fallen, bis schließlich der Kapitän über Lautsprecher verkündete, dass vielleicht eine Notlandung in Kuba notwendig sei.

Während ich angeschnallt dasaß und über meine Sterblichkeit nachdachte, rief ich Erzengel Michael um Schutz an. Wahrscheinlich war ich so schutzbedürftig, dass ich ihn schließlich klar und deutlich hörte. Er machte mir bewusst, dass ich eigentlich gar keine so große Angst vor einem Flugzeugabsturz habe, sondern vielmehr davor, die Kontrolle über alles und jeden in meinem Leben zu verlieren.

Er zeigte mir, dass ich die gleiche Angst vor Kontrollverlust zu Hause hatte, in meinem Job und in Beziehungen. Ich war zu einer paranoiden Frau geworden, die niemandem vertraute, nicht einmal den Menschen, von denen ich wusste, dass sie mich liebten. Alle meine Beziehungen litten unter dieser Angst, andere Menschen zu nahe an mich heranzulassen.

Im gleichen Moment beschloss ich, diese Situation zu ändern! Ich hatte mein Leben schon viel zu lange von der Angst kontrollieren lassen. Ich versuchte, die ganze Situation Gott und Erzengel Michael zu übergeben, verfiel jedoch direkt meiner Angst vor Kontrollverlust . Obwohl ich meine Angst also endlich verstand, hatte ich das Gefühl, festzusitzen und unfähig zu sein, eine Heilung herbeizuführen.

Ironischerweise zwang mich ein anderer turbulenter Flug schließlich (sozusagen) in die Knie, sodass ich endlich in der Lage war, durch Demut zu heilen. Die Maschine flog durch ein Unwetter mit Blitz und Donner, was bei mir eine ganz neue Dimension der Angst auslöste – bis ich endlich demütig genug war, Erzengel Michael um Hilfe zu bitten, damit ich meine Ängste loslassen konnte.

Im nächsten Augenblick fühlte ich plötzlich eine große innere Ruhe. Das Flugzeug war immer noch ein Spielball der Elemente, doch ich hatte nicht die geringste Angst. Ich fand es regelrecht albern, dass ich jemals Flugangst gehabt hatte!

Nach unserer Landung erklärte der Pilot, er sei überrascht, wie sanft diese erfolgt sei. Es hätte viel schlimmer kommen können, aber die Turbulenz habe nur halb so lang gedauert wie ursprünglich geschätzt. Ein dichter Nebel auf dem Flughafen schien sich zu lichten, als wir zur Landung ansetzten, doch kaum hatten wir den Boden berührt, als er die Stadt erneut einhüllte, und zwar so stark, dass die restlichen Flüge an diesem Tag gestrichen wurden.

Ich weiß, dass Erzengel Michael da war, weil ich mich von Hitze umgeben fühlte. Es war diese Hitze, die mir Mut gab, mich zum Lachen brachte und mir half, mich stärker zu fühlen. Für mich war das alles wie ein Wunder.

Auch heute werde ich beim Fliegen schnell nervös, doch weiß ich jetzt, dass dies in erster Linie von meiner *Erinnerung* an Angst herrührt. Dank Erzengel Michael bin ich nie wieder so paranoid gewesen wie früher. Er hat nicht nur meine Ängste beseitigt und den schlimmsten Flug meines Lebens erträglich gemacht, sondern mich außerdem von meiner Verbitterung geheilt. Er brannte meinen früheren Widerwillen zu vergeben förmlich weg.

Seit jenem Tag hat sich alles aufs Schönste zusammengefügt. Mein Leben ist heute völlig anders, ich habe zahlreiche neue Freunde und es gleichzeitig geschafft, die alten Freundschaften aufrechtzuerhalten. Ich habe einen Job gefunden, der mir jeden Tag mehr Spaß macht, und ironischerweise hängt meine Arbeit voll und ganz von meiner Fähigkeit ab, denen zu vertrauen, die für mich verantwortlich sind.

Ich könnte noch von so viel mehr Dingen erzählen, die sich in meinem Leben zum Besseren gewendet haben, und den vielen Malen, die ich Erzengel Michael gebeten habe, eine Situation zu bereinigen, und den wunderbaren Resultaten, die mir zuteil wurden, doch meiner Meinung nach ist dieses hier eines der wichtigsten, wenn nicht sogar das *wichtigste* überhaupt.

Zuweilen sind Angst und Paranoia so überwältigend, dass sie sich physisch auswirken, etwa durch Kurzatmigkeit und heftiges Herzklopfen. Auch diesen Zustand, als Panikattacke bekannt, vermag Erzengel Michael zu heilen, wie sich Jane Turner erinnert:

Ich hatte meine erste extrem schlimme Panikattacke vor fünf Jahren im Haus meiner Eltern, als ich gerade vom Einkaufen zurückkam. Ich sank buchstäblich auf den Boden und konnte mich nicht mehr bewegen. Meine beiden kleinen Töchter waren entsetzt. Meine Mutter rief sofort den Notarzt, und ich verbrachte mehrere Stunden im Krankenhaus. Dort erklärte mir der Arzt genau, was eine Panikattacke ist und wie ich sie in Zukunft vermeiden kann.

Zwei Wochen später war ich im Auto unterwegs zu meinen Eltern. Bevor ich losfuhr, bat ich Erzengel Michael, mich auf meiner 100 Kilometer langen Fahrt zu begleiten, da ich gelesen hatte, dass eine seiner Aufgaben darin besteht, Glauben, Vertrauen und Mut zu stärken.

Ungefähr nach der Hälfte des Weges spürte ich das Herannahen einer dieser gefürchteten Panikattacken. Ich schaltete das Radio ein und sang mit, so laut ich konnte, doch fühlte ich, wie ich innerlich dichtmachte und von Panik überwältigt wurde. Tränen liefen mir übers Gesicht, und ich sagte mit lauter, fordernder Stimme: »Bitte, Erzengel Michael, hilf mir!«

Innerhalb von Sekunden wurde ich ruhiger und musste bald laut lachen, weil ich eine Vision dieses machtvollen, imposanten Erzengels hatte – samt Schwert und Schild in der Hand –, wie er auf dem Dach meines Autos stand, die Fahrt sichtlich genoss, während seine Haare im Wind flatterten! Dort blieb er während der restlichen Fahrt, und ich sang zusammen mit ihm und den anderen Engeln, die mich umgaben. Es war, als hätte ich ein ganzes Gefolge bei mir, und ich fühlte mich herrlich ruhig und froh.

Zum Glück habe ich heute nur noch sehr selten eine Panikattacke, doch bitte ich noch immer Erzengel Michael, mich auf langen Reisen zu begleiten ... und ich weiß, dass er es tut!

Die Angst »wegsaugen«

Als ich 1995 eines Tages betete, meditierte und mit Erzengel Michael sprach, hatte ich eine Vision von ihm, wie er ein tragbares staubsaugerähnliches Gerät in der Hand hielt. Er führte den Schlauch durch den Scheitel in meinen Körper ein und saugte toxische Ängste heraus, so etwas wie eine spirituelle Version der Fettabsaugung. Mein Körper erschauerte, als der Erzengel negative Energie beseitigte, die ich von meinen eigenen Gedanken und denen anderer absorbiert hatte. Danach fühlte ich mich leichter, freier und glücklicher.

Seit jenem Tag habe ich Michael oft gebeten, meine Klienten »abzusaugen«, bis ich 1996 begann, anderen Interessierten seine Absaugmethode zu lehren.

Seither habe ich festgestellt, dass Erzengel Michaels Art des »Absaugens« ein schnelles und effektives Gegenmittel gegen negative und ungesunde Einflüsse ist. Diese Technik funktioniert besonders eindrucksvoll bei Jugendlichen, vor allem bei solchen, die zu Aggressionen neigen.

Gladys E. Alicea erlernte die Absaugmethode von einer Absolventin meines *Angel Therapy Practitioner*-Programms (ATP):

> Ich litt unter diversen Ängsten und Phobien, daher nahm ich an einem ATP-Seminar teil, wo ich zum ersten Mal von Erzengel Michael erfuhr. Zu der Zeit hatte ich große Angst vor allem, und meine Phobien kontrollierten mein Leben. Vor allem fürchtete ich mich vor der Dunkelheit und hatte ständig Angst, dass meinem physischen Körper etwas sehr Schreckliches passieren würde. Ich

habe keine Ahnung, woher diese Angst kam, da ich nie irgendetwas erlebt hatte, was sie hervorgerufen haben könnte. Außerdem hatte ich Angst, dass ich schon allein aufgrund meiner ständigen Befürchtungen eine furchtbare Tragödie anziehen und manifestieren würde.

Andererseits verspürte ich den großen Wunsch, zu helfen, die Welt zu retten, fühlte mich jedoch immer blockiert. Problembelastet und verzweifelt ging ich zum ATP-Seminar. Die Leiterin bat Erzengel Michael, mich »abzusaugen«, und danach fühlte ich mich wie neugeboren. Dieses Erlebnis veränderte nicht nur die Art und Weise, wie ich fühlte und agierte, sondern auch mein Aussehen!

Kurz nach meiner Session traf ich eine gute Freundin, die meinte, irgendetwas sei anders mit mir, und wissen wollte, ob ich abgenommen hätte. Ich wusste, dass es mein innerer Frieden war, den sie sah.

Die meisten meiner Ängste sind verschwunden. Wann immer ich merke, dass meine Gedanken von Angst herrühren, bitte ich Erzengel Michael um Führung, und sofort fühle ich mich besser. Meine alte Phobie vor Dunkelheit ist heute fast ganz weg.

Seit Erzengel Michael diese Blockaden beseitigt hat und ich mich ihm geöffnet habe, ist viel mehr Freude in mein Leben eingekehrt. Ich habe mit alten Freunden, die ich vermisste, wieder Kontakt aufgenommen, und die Beziehung mit meinem Freund ist noch inniger geworden. Es ist wundervoll! Erzengel Michael ist wahrhaftig ein wunderbares Geschenk Gottes. Ich freue mich darauf, was die Zukunft mir bringen wird – ohne Angst!

Wenn Sie meinen, professionellen Beistand zu benötigen, wie ihn Gladys erhielt, zeigt die nächste Geschichte von Gillian Leahy, dass Michael jede erforderliche Hilfe bereithält. Sie müssen ihn nur darum bitten!

Eines Nachts bat ich Erzengel Michael um Hilfe, als ich mich aufgrund von Ereignissen aus meiner Vergangenheit sehr niedergeschlagen fühlte. Ich wusste nicht mehr, wer ich war, und hatte Fragen, die niemand beantworten konnte. Als ich in jener Nacht wach im Bett lag und an alles denken muss-te, was ich in meinem Leben Schweres durchge-macht hatte, bat ich schließlich Michael um Hilfe bei meinen Emotionen.

Der Raum war dunkel, doch plötzlich konnte ich »Energie« sehen – anders kann ich es nicht aus-drücken. Es fühlte sich wie eine liebevolle, herz-liche Umarmung an, und mein Herz öffnete sich weit. Vor meinem inneren Auge konnte ich Erzen-gel Michael und seinen Trupp der barmherzigen Helfer sehen, wie sie die Dunkelheit von meiner Seele nahmen. Die Vision war so klar und deut-lich, als würde ich sie mit meinen physischen Au-gen sehen. Die Engel kamen näher, verschwanden für eine Weile und flogen dann empor. Ich hatte das Gefühl, als sei ich mit Licht erfüllt ... und dann war auch schon alles vorbei.

Am nächsten Morgen wachte ich voller Energie auf und erzählte meinem Mann von der Heilung, die ich in der Nacht erfahren hatte. Zunächst machte er sich darüber lustig, bis ihm klar wurde, dass es mir ernst war. In jener Nacht habe ich angefangen, die ätherischen Schnüre bei meinem Mann zu durchschneiden – mit großem Erfolg. Ich konnte wirklich all die Schnüre sehen, die aus seinem Rücken hervorkamen.

Wann immer ich mich heute niedergeschlagen oder erschöpft fühle, bitte ich Michael um Hilfe. Wenn ich Wärme in meinem Herzen fühle, weiß ich, dass er da ist!

Darüber hinaus können Sie Erzengel Michael bitten, Wohnungen, Büros und andere Menschen (vor allem Kinder, wie ich bereits erwähnt habe) »abzusaugen«, wie die nächste Geschichte von Robin Ramos zeigt:

Zum ersten Mal las ich über die Vorteile der Zusammenarbeit mit Erzengel Michael in Doreen Virtues Buch *Das Praxisbuch für Indigo-Eltern*. Ich verliebte mich in die dort beschriebene Absaugtechnik. Ich las sie mir ein paar Mal durch, bis ich sie fast auswendig konnte! Dann »saugte« ich das Zimmer meiner Kinder und anschließend das ganze Haus. Außerdem kaufte ich eine Keramiktafel mit Michaels Bild darauf, die ich vor den Kinderzimmern anbrachte.

Mittlerweile kann ich sehr gut visualisieren, und wenn ich diese Technik anwende, sehe ich sofort ein großes schimmerndes blaues Licht vor meinem inneren Auge. Ich schwöre, dass ich dabei manchmal das Gefühl habe, als würde ich in eine starke positive Energie eingehüllt. Ich habe Erzengel Michael gebeten, immer bei mir und meiner Familie zu sein, so wie Doreen es in ihrem Buch empfiehlt, und ich spüre seine Gegenwart, wann immer ich an ihn denke.

Mir ist sofort aufgefallen, dass mein Sohn Zack besser schläft und mehr Energie hat, wenn ich seinen Raum energetisch »sauge« und dazu Gebete um Hilfe und Dank an Michael spreche.

Mein Sohn Tyler ist äußerst sensibel für Geräusche aller Art in seinem Zimmer, und zwar so sehr, dass sie ihn häufig am Einschlafen hindern. Da ich spürte, dass er sich unsicher fühlte, schrieb ich eine Bitte an Michael, bei uns zu bleiben, und legte sie auf die Fensterbank in Tylers Zimmer. Die Resultate kamen umgehend und waren wunderbar: Tyler hörte keine Geräusche mehr, die ihn wach hielten. Es ist jetzt fünf Jahre her, dass ich Erzengel Michael zum ersten Mal begegnete, und ich bin immer dankbar für seine Gegenwart.

Außerdem habe ich ihn gebeten, meine Kinder auf dem morgendlichen Schulweg zu begleiten. Hin und wieder, wenn Zack besonders dünnhäutig ist und sich von anderen Kindern schikaniert fühlt, bitte ich den Erzengel, ihm Beistand zu leisten, und jedes Mal, wenn mein Sohn dann nach Hause kommt, klagt er weniger und ist kaum verstimmt. An den Tagen, an denen ich vergesse, Michael im Namen meines Sohnes herbeizurufen, fällt mir deutlich der Unterschied in Zacks Handeln und Verhalten nach der Schule auf.

Seit ich Michael und all die anderen Engel und

geistigen Führer um Hilfe bitte, wann immer ich sie brauche, ist mein Leben viel reicher und gesegneter geworden. Dabei ist es so einfach, und die Folgen unserer Bitten schaden niemandem, im Gegenteil: Das Ergebnis ist ein friedlicheres, positiveres, segensreicheres Leben.

Sie können die Absaugtechnik bei sich selbst anwenden, bei Ihren Lieben und in Ihrem Zuhause, indem Sie Erzengel Michael und seine helfenden Engel um diesen Gefallen bitten. Sagen Sie ihm, dass er alle niederen Energien, Ängste, negative oder erdgebundene Wesenheiten oder irgendetwas anderes Schädliches beseitigen solle. Außerdem können Sie ihn bitten, Angst oder Dunkelheit von jedem Menschen zu nehmen, mit dem Sie Kontakt haben (in dem Maße, wie sich dies auf *Ihren* freien Willen auswirkt). In dem Moment, in dem Sie um diese Hilfe bitten, wird sie erfüllt.

Schnüre der Angst durchtrennen

Diese Methode lernte ich von Erzengel Michael, der sie während meiner Heilsitzungen anwandte. Wann immer ich ihn bat, meinen Klienten zu helfen, ihre lähmenden Ängste loszuwerden, benutzte er sein Schwert und trennte Verbindungen, die ich wie Schnüre aus den Körpern meiner Klienten wachsen sehen konnte. Diese Schnüre sahen wie durchsichtige Schläuche (ähnlich medizinischen Schläuchen) aus.

Durch meine vielen Sitzungen mit Michael und all die Fragen, die ich ihm dabei stellte, verstand ich allmählich, dass diese hohlen Schläuche Energie zwischen meinen Klienten und anderen Personen übertrugen (und gelegentlich bestanden diese Schnüre sogar zu physischen Gegenständen, weil der Betreffende Angst hatte, diese zu verlieren).

Die Schläuche leiten Energie zwischen zwei Personen. Wenn jemand durch einen solchen Schlauch (auch *ätherische Schnur* genannt) mit einer wütenden Person verbunden ist, fließt diese Energie hindurch und verursacht Schmerz und Unbehagen in dem Teil des Körpers, wo sich der Schlauch befindet.

Wenn umgekehrt diese Schnur von einem emotional fordernden Menschen ausgeht, wird der Person am anderen Ende Kraft und Energie entzogen. Sie wird sich erschöpft und ausgelaugt fühlen, ohne den Grund dafür zu wissen, und gegen diese Erschöpfung helfen auch keine Energiespender wie Ausruhen, Koffein oder Bewegung.

Sind diese Schnüre immer negativ? Ja, denn sie beruhen auf Angst. Wann immer jemand Angst um seine Beziehung hat, wie zum Beispiel: »Hoffentlich verlässt du mich nicht«, entsteht eine Verbindung, die einer ätherischen Hundeleine gleicht.

Es gibt jedoch auch silberne Schnüre des Lebens und der Liebe, die gesund und nicht porös sind. Diese können nie durchtrennt werden, weil sie auf ewiger Liebe basieren.

Schnüre, die auf Angst beruhen, sind nichts, worüber Sie sich Sorgen machen oder deren Sie sich schämen müssen, da sie ziemlich normal und weit verbreitet sind, vor allem bei sensiblen Menschen. Wie Sie in den folgenden Geschichten lesen werden, können Sie Erzengel Michael jederzeit bitten, diese Schnüre zu durchtrennen, wenn Sie sich müde fühlen oder Schmerzen haben. Sie müssen nur den Namen *Michael* denken oder ihm sagen: »Bitte schneide alle Schnüre der Angst von mir ab.« Und Sie können ihn bitten, jenen Personen Liebe zu senden, mit denen diese Schnüre Sie verbanden.

Eine Frau namens Trina, die den Vorteil der natürlichen Hell-sichtigkeit besaß, half ihrer Tochter, indem sie Michael bat, das Mädchen von Angst zu befreien:

> Meine zwölfjährige Tochter hatte plötzlich Angst davor, nachts allein zu sein, und klagte über ein Gefühl, als sei »irgendetwas Bedrohliches« hinter ihr. Sie bestand darauf, dass Seamus, unser Labra-dor, hinter ihrem Bett schlafen solle, da sie sonst die ganze Nacht kein Auge zutun würde.
>
> Als wir eines Abends im Auto unterwegs waren, rutschte sie in ihrem Sitz so weit nach vorne, dass sie mit dem Rücken auf dem Sitz lag. Ich spürte, dass es sich hierbei nicht einfach um das drama-tische Manöver eines Teenies handelte, um meine Aufmerksamkeit auf sich zu ziehen. Also beschloss ich, lieber mal nachzuschauen, was da los war.
>
> Ich weiß, wie ich vor meinem geistigen Auge Dinge dieser Art abtasten und hellsichtig identifi-zieren kann. Dennoch war ich entsetzt, als ich eine *riesige* Schnur sah, die mitten aus ihrem Rücken wuchs! Ich rief Erzengel Michael und bat ihn um Hilfe beim Entfernen dieser Schnur und darum, dass er ihr seinen Schutz geben und immer bei ihr bleiben möge. Im nächsten Moment schon spürte ich seine Energie und sah, dass die Schnur ver-schwunden war. Einen Augenblick später konnte meine Kleine wieder richtig sitzen und sagte, dass sich ihr Rücken besser anfühlen würde.
>
> Ich erzählte ihr von Erzengel Michael und sagte ihr, dass sie ihn in einer solchen Situation immer um Hilfe bitten könne. Dank Erzengel Michael

fühlt sich meine Tochter nachts wieder sicher – was natürlich heißt, dass auch *ich* mich wieder besser fühle.

Sie müssen jedoch keine hellsichtigen Fähigkeiten besitzen, um von Michaels Hilfe profitieren zu können. Selbst wenn Sie die Schnüre nicht sehen können, können Sie ihre Auswirkungen wie unerklärliche Müdigkeit bis hin zu völliger Erschöpfung oder physischem Schmerz fühlen – und dann die Erleichterung, wenn die Schnüre durchtrennt sind –, wie die Geschichte einer Frau namens Tina zeigt:

Drei Wochen nach der Geburt meines Babys litt ich an Wochenbettdepression. Zum Geburtstag schenkte mein Mann mir Doreens Buch *Die Heilkraft der Engel*, und ich begann sofort, es zu lesen. Bis dahin hatte ich mich noch nie näher mit den Engeln beschäftigt und wusste nur, dass sie in der Bibel erwähnt wurden und Boten Gottes waren.

Ich kam zu einer Stelle in dem Buch, wo Doreen empfiehlt, Erzengel Michael um Hilfe bei der Beseitigung negativer Emotionen und Depression zu bitten. Ich erinnere mich, wie ich auf dem Sofa saß und beschloss, einen Versuch zu machen – ich hätte alles getan, damit ich mich besser fühlte.

Meine Augen waren geschlossen, als ich plötzlich die Vision eines Engels sah, der von oben herabgeschwebt kam und ein Schwert in der Hand hielt, mit dem er Schnüre von mir abschnitt. Im ersten Moment hatte ich Angst, weil ich dachte, er würde meine Lebensschnur durchtrennen – zu diesem Zeitpunkt wusste ich noch nichts über ätherische Schnüre oder Verbindungen mit anderen Menschen, die uns unserer Energien berauben können. Nichtsdestotrotz hatte ich an diesem Nachmittag das Gefühl, als sei ein enormes Gewicht von mir genommen worden, und ich kann ehrlich sagen, dass ich dies nur Erzengel Michael verdanke, der mich von meiner Wochenbettdepression befreite.

Erst später, nachdem ich mehr über die Engel wusste, fand ich heraus, dass Michael ein Schwert bei sich trägt und die Last von unseren Schultern nimmt. In meinem Fall war seine Heilung umgehend und ein wahres Wunder. Heute bitte ich Erzengel Michael, immer bei mir zu sein, wenn ich mich verletzlich fühle und Schutz brauche.

Jeder kann sich an Michael wenden, damit er die Schnüre der Angst durchtrennt. Sie müssen ihn nur darum bitten. *Wie* Sie dies tun, ist unwichtig, und an dem Bericht von Barbara Urban sehen Sie, dass es ebenso irrelevant ist, *wo* Sie sich gerade aufhalten – Michael reagiert auf jede Bitte um Beistand:

Während ich mich im Jacuzzi entspannte, dachte ich darüber nach, dass ich wirklich gern einen intensiveren Kontakt mit den Engeln hätte, vor allem mit Erzengel Michael.

Ich bat Michael, jegliche Schnüre der Angst und des Zweifels zu durchschneiden, egal ob ich mir derer bewusst war oder nicht. Ich sagte: »Erzengel Michael, bitte durchtrenne diese Schnüre und ermögliche mir damit den wunderbaren Anblick der Engel.«

Alles war still, und ich starrte die Vögel und Bäume in meinem Garten an, während ich im warmen Wasser saß und mich Tagträumen hingab. Plötzlich hörte ich zu meiner Rechten ein lautes Geräusch. Die Melone, die ich auf den Tisch neben mir gelegt hatte, war aufgeschnitten worden, und der rote Saft tropfte auf die Holzdielen meiner Terrasse!

Ich konnte nichts sehen, aber mir war sofort klar, dass Erzengel Michael mir ein Zeichen in Bezug darauf gegeben hatte, meine Angstschnüre zu durchtrennen. indem er die Wassermelone mit seinem Schwert in zwei Hälften geschnitten hatte! Ich sprang aus dem Jacuzzi, rannte über die Terrasse und hüpfte vor Freude auf und ab, während ich rief: »Danke! Danke!«

Die Melone war nicht ganz durchgeschnitten – vermutlich wollte Michael verhindern, dass sie vom Tisch herunterfiel, und gleichzeitig sichergehen, dass ich den Schnitt sah. Ich war so aufgeregt! Ich *weiß* mit meinem ganzen Sein, dass dies ein Zeichen war.

Ich starrte die Melone eine Zeit lang an und erkannte, dass Michael mir zu verstehen gab, dass er meine Schnüre nun durchtrennt habe. Ich sah zwar keine Engel, erhielt aber definitiv ein Zeichen von ihnen!

Ich liebe den Sinn für Humor, den Michael in Barbaras Geschichte an den Tag legt. Da ätherische Schnüre Fragmente sind, die von Angst in Beziehungen herrühren, können sie unseren Sinn für Humor und unser Glücksgefühl beeinträchtigen. Tatsächlich sind Schnüre die metaphysische Entsprechung von Unversöhnlichkeit und unterdrückter Wut. Und wie jeder spirituelle Weg und jede Religion lehrt, öffnet Vergebung die Tür zu wahrer Heilung und Glück. Die Geschichte von David Welch verdeutlicht diese Tatsache:

Als ich darum betete, endlich meiner Seelengefährtin zu begegnen, dachte ich plötzlich über Vergebung nach und die Personen, die mir in meinem Leben wehgetan hatten. Einer von ihnen war ein Freund aus meiner Zeit in Florida, dem ich mein Appartement vermietet hatte, als ich zur Marine nach Puerto Rico versetzt wurde. Er hatte weder die Miete noch die Nebenkosten bezahlt und wurde daher vom Vermieter hinausgeworfen. Aus Rache verwüstete er mein Appartement – was ich ihm nie verziehen hatte.

Ich bat Erzengel Michael, die negativen Schnüre zu meinem Freund zu durchtrennen. Sofort spürte ich eine ungeheure Erleichterung, so als wäre mir eine große Last genommen worden. Es fühlte sich auf meinem Rücken an, als würde ich eine sanfte Massage erhalten – ich wusste, dass es Michael war, der die Schnüre durchtrennte. Ich schaute über meine rechte Schulter und dankte ihm, dass er mir half zu vergeben, und wenn ich ihn auch nicht sehen konnte, so hörte ich doch seine Stimme in meinem Kopf, die einfach sagte: *Mit Vergnügen, David.*

Es ist erstaunlich, wie viel besser ich mich fühle, seit ich meinem Freund vergeben habe. Jetzt verstehe ich, warum dieser Akt so wichtig ist.

Wie Davids Geschichte illustriert, ist es eine wunderbare Möglichkeit, in Vorbereitung auf eine neue Beziehung Erzengel Michael darum zu bitten, seine ätherischen Schnüre zu durchtrennen. Und es ist auch ein gesunder Weg im Umgang mit einer Beziehung, die zu Ende geht, wie eine Frau namens Clarity beschreibt:

> Das Ende der Beziehung zu meinem Freund versetzte mich in einen großen emotionalen Aufruhr. An ihn zu denken tat sehr weh und ich fühlte mich zutiefst verletzt. Schließlich erkannte ich, dass das wahre Problem in mir lag.
>
> Also bat ich Erzengel Michael: »Schneide bitte die negativen Schnüre durch, die an mir befestigt sind.« Ich schloss meine Augen und betete mit inniger Aufrichtigkeit, denn ich wünschte mir wirklich, diesen tiefen Schmerz in mir loszuwerden.
>
> Als ich die Augen wieder öffnete, sah ich direkt vor mir Funken bunter Lichter! Ich traute meinen Augen nicht, also stand ich auf und blinzelte aus dem Fenster in der Annahme, dass die Neonlichter des Supermarktes auf der gegenüberliegenden Straßenseite in mein Zimmer geblinkt haben mussten. Doch der Laden war geschlossen. Ich ahnte, dass es Erzengel Michaels Gegenwart sein musste. Ich erinnerte mich, in Doreens Buch gelesen zu haben, dass die farbigen Lichter die Auren von Erzengeln und aufgestiegenen Meistern sind.
>
> Es freut mich, sagen zu können, dass ich seitdem ein starkes Gefühl des Friedens in mir verspüre und nicht länger unter Verbitterung und Schmerz leide. Ich vertraue und glaube an die Gegenwart

von Erzengel Michael und den anderen himmlischen Wesen. Ich danke dir, Michael, und meinen wundervollen Engeln!

Michael reagiert umgehend auf Hilferufe, unabhängig davon, wie sie geäußert werden. Der folgende Bericht von einer Frau namens Chrissie zeigt, dass er Gebete um Schutz beantwortet, indem er in Träumen Schnüre durchtrennt:

> Als mein kleiner Sohn Jamie in der Schule ständig von einem älteren Jungen schikaniert wurde, träumte er eines Nachts, dass Erzengel Michael ihn mit seinem Schwert besuchen kam. Ein langes Seil mit dem Namen meines Sohnes an einem Ende und dem Namen des tyrannisierenden Jungen am anderen Ende war zu sehen. Mit seinem Schwert schnitt Michael das Seil in zwei Hälften. Bald nach diesem Traum konnte Jamie besser mit den Schikanen umgehen, und schließlich hörten diese ganz auf!

Ich bin mir sicher, dass Michael auf ähnliche Weise oft in Träumen zu uns kommt. Vielleicht erinnern wir uns nicht daran, doch wir freuen uns über die Auswirkungen, so wie es Chrissies Sohn tat, als der Rabauke ihn in Ruhe ließ.

Negative Energien zu Hause und am Arbeitsplatz beseitigen

Da Erzengel Michaels Hauptaufgabe darin besteht, die Menschen, Orte und die Welt im Allgemeinen von Angst zu befreien, ist er erstklassig darin, die Energie bei Ihnen zu Hause oder an Ihrem Arbeitsplatz zu reinigen. Michael komplimentiert erdgebundene Seelen und negative Energie hinaus, ruft an ihre Stelle göttliche Engel herbei und schützt den betreffenden Bereich vor jeglichen Eindringlingen.

Es ist eine gute Idee, Erzengel Michael zu bitten, die Energie an jedem Ort zu reinigen, an dem Sie sich aufhalten. Wie Sie in den Geschichten in diesem Abschnitt lesen werden, führt das Reinigen von Energie zu äußerst positiven Resultaten. Und Sie müssen nichts anderes tun, als darum zu bitten.

Die meisten Menschen – so wie Kelly Roper in der folgenden Geschichte – bitten Michael, die Energie in ihrem Heim zu reinigen, weil sie die Negativität darin spüren:

> Ich war gerade in das Haus meines Partners gezogen, das eine sehr düstere Energie hatte, die zum größten Teil von den häufigen Selbstmordversuchen seiner Exfrau herrührte. Außerdem stand überall Gerümpel herum, und die Wände waren in dunklen Farben angestrichen. Meine Freunde, die mich besuchten, empfanden das Haus als abweisend und kalt. Erzengel Michael bat ich, das Gebäude von seiner negativen Energie zu reinigen. Außerdem folgte ich meiner inneren Führung und strich die Wände heller.

187

Heute sagen unsere Besucher, dass das Haus einen herzlichen und einladenden Eindruck vermittelt. Und häufig sehe ich blaue Lichtblitze – dann heiße ich jedes Mal Michael willkommen und danke ihm für all seine Hilfe.

Achten Sie darauf, dass Besucher – und natürlich Kelly selbst – den Unterschied in der Energie des Hauses bemerkten. Ich glaube, dass jeder empfindlich auf die positive und negative Energie in Gebäuden reagiert. Manche Menschen wissen vielleicht nicht, warum sie ein Haus einem anderen vorziehen, doch können sie die Stimmung und Atmosphäre in einem Raum spüren. Vor allem Kinder sind in der Lage, diese Energien wahrzunehmen, wie die nächste Geschichte von Sarah Dickson anschaulich macht:

> Meine zweijährige Tochter Sophie reagiert äußerst empfindlich auf Energien – positiven wie negativen –, die für viele Menschen unsichtbar sind. Oft kam es vor, dass sie nachts davon aufwachte, weinte und sich kaum beruhigen ließ. Zuerst dachten wir, sie hätte Albträume. Als sie jedoch zu sprechen begann, begriff ich, dass ihr Schlaf von ruhelosen Seelen gestört wurde, die mit ihr kommunizierten, obwohl sie schlafen wollte. Also begann ich, vor dem Schlafengehen mit meiner Tochter zu beten und Erzengel Michael um seinen nächtlichen Schutz zu bitten.
>
> Wir baten darum, dass keine angstbesetzten oder negativen Energien unser Haus betreten und dass Michael bei uns bleibt und die ganze Nacht über uns wacht. Seitdem schläft Sophie immer tief

und fest (was auch für ihre Eltern gilt!). Jeden Abend vor dem Schlafengehen sieht meine Tochter ihre Engel und sagt laut Michaels Namen, bevor sie ihren Kopf aufs Kopfkissen legt, um einzuschlafen. Erzengel Michael beschützt uns und sorgt dafür, dass wir in Sicherheit sind.

Die folgende Geschichte von Mary K. Gee ist ungewöhnlich, weil die Energien in ihrem Haus tatsächlich Schaden anrichteten. So etwas passiert zwar nur selten, aber in einem solchen Fall ist Michael der Engel, den man anrufen sollte, wie Mary herausfand:

Als in meiner alten Wohnung eines Tages komische Geräusche zu hören waren, die mich beunruhigten, geriet ich dennoch nicht in Panik. Es dauerte jedoch nicht lange, bevor Gegenstände zerbrachen und Bilder von den Wänden fielen. Meine Hunde zogen den Schwanz ein und winselten, und wenn das Telefon klingelte und ich den Hörer abnahm, war niemand dran. Ich rief eine Freundin an, die sich mit schamanistischen Ritualen auskennt, und sie besuchte mich, um herauszufinden, was los war.

Sie sagte mir, dass meine Tochter diese niederen Energien aus der Schule mit nach Hause bringen würde. Sobald die Energien im Haus waren, lösten sie sich von ihr los und richteten sich bei uns häuslich ein. Sie riet mir, Erzengel Michael zu bitten, diese Energien aus meinem Heim zu vertreiben. Also bat ich ihn, mir bei der energetischen Reinigung zu helfen.

Zunächst versuchte ich, Erzengel Michael dadurch zu unterstützen, dass ich mir sein Eingreifen vorstellte. Doch es war zu schwierig, und so zog ich mich schließlich zurück und überließ ihm die Angelegenheit, was er mit unglaublicher Schnelligkeit tat! Die Energien kamen nie mehr zurück. Heute wende ich mich immer sofort an Michael, wenn ich mich fürchte, und auf meinen Wunsch hat er auch schon ätherische Schnüre durchtrennt.

Ebenso wie Mary benötigte auch eine Engel-Therapeutin namens Sophia Fairchild umgehend Hilfe von Erzengel Michael, um negative Energien und erdgebundene Seelen aus ihrem Haus zu vertreiben:

Vor vielen Jahren habe ich ein altes, baufälliges Haus auf einem Hügel mit Meeresblick gekauft. Es war sehr heruntergekommen, doch lag es wunderbar und war das Einzige, was ich mir damals leisten konnte. Doch hatte ich den Verdacht, dass irgendetwas mit dem Haus nicht stimmte, da es trotz seiner herrlichen Lage und des niedrigen Preises keine Kaufinteressenten gab.

Im Nachhinein ist mir klar, dass das Problem offen auf der Hand lag. An dem Sonntag, als das Haus zur Besichtigung geöffnet war, fiel mir auf, dass die wenigen Interessenten, die sich eingefunden hatten, nicht weiter kamen als bis zum Eingangsbereich, bevor das Blut aus ihren Gesichtern wich. Die meisten von ihnen schienen vor irgendetwas zurückzuschrecken, liefen zurück zu ihren Autos und fuhren schnell davon.

Der Grundstücksmakler stand ein gutes Stück entfernt, mit schwacher Stimme auf den Meeresblick hinweisend und sich für die Tatsache entschuldigend, dass das Haus schon länger leer stand.

Auch ich spürte die kalte, klamme Atmosphäre, die von dem Haus ausging, dennoch wagte ich mich vorsichtig hinein. Ich versuchte, nicht zurückzuschrecken vor den alten, kaputten Rohren, den Löchern in den bekritzelten Wänden, dem jahrzehntealten Gerümpel auf den Regalen in der finsteren Garage und den persönlichen Gegenständen, die in der Eile zurückgelassen worden waren und wie Konfetti überall auf dem Grundstück verstreut lagen. Doch der zauberhafte Meeresblick und die schwache Ahnung von dem, was einmal ein herrlicher Garten gewesen sein musste, der jetzt unter Müll und Unkraut begraben war, weckten in mir genug Zuversicht, dass ich glaubte, aus dieser Ruine etwas machen zu können. Abgesehen davon konnte ich mir nichts anderes leisten.

Bei der Auktion war ich der einzige Bieter, abgesehen von einem Mann, den ich für einen Strohmann hielt, den man geschickt hatte, um den Preis absichtlich in die Höhe zu treiben. Zum Glück merkte ich, was da vor sich ging, stellte den Mann bloß und war überglücklich, das Haus für eine noch geringere Summe zu ergattern, als ich erwartet hatte. Es kam mir vor wie ein Wunder, dass ich endlich ein eigenes Haus hatte! Mein Sohn jedoch war nicht so begeistert.

Kurz nach unserem Einzug in das Haus begannen meine ängstlichen Nachbarn, mir seltsame

Geschichten über die früheren Besitzer zu erzählen. Eine alte Frau, Überlebende eines Konzentrationslagers, hatte viele Jahre einsam hier gelebt, bevor sie in meinem jetzigen Schlafzimmer gestorben war. Eine gepeinigte Seele, die jeden Tag wohl stundenlang mit dem Bus durch die Stadt fuhr, anscheinend um vor jemandem oder etwas zu fliehen, von dem sie sich immer verfolgt fühlte. Der Gedanke machte mich traurig, dass die alte Frau nach allem, was sie durchgemacht hatte, sich so vor ihrem eigenen Haus fürchtete.

Im Laufe der Jahre verfiel das Haus immer mehr aufgrund gleichgültiger Nachmieter und eines abwesenden Besitzers, der das Grundstück nur wegen seines Bodenwerts gekauft hatte. Zuletzt wurde das Haus von einer Gruppe Okkultisten bewohnt, der die nächtliche Geisterparade, die durch das windgepeitschte Haus hereinströmte, schauerliches Vergnügen bereitet haben musste – bis *auch sie* von heute auf morgen auszog. Sogar meine Katzen wussten, dass es in diesem Haus spukte; trotzdem gelang es mir, dieses Detail zu verdrängen.

Ich beauftragte einen bekannten Feng-Shui-Experten damit, das Haus von seiner feuchten, unangenehmen Energie zu reinigen. Er wies mich auf mehrere starke Energiebahnen hin, die sich unter dem Haus kreuzten. Wir hämmerten mitten durch diese Energiebahnen Kupferrohre in den Boden, um die Energie zu zähmen, und stellten die Möbel im Zimmer meines Sohnes um. Nachdem der Mann alles ihm Mögliche getan hatte, riet er mir zum Abschied, einen Fachmann für Exorzismus hinzuzuziehen. *Einen was? Also gut, Exorzismus. Doch wen soll ich da anrufen?* Er wusste es nicht. Das war nicht etwas, das man mal eben in den Gelben Seiten nachschlagen konnte.

Doch im gleichen Moment begann ich mir ernsthaft zu sagen, dass ich diese Situation in den Griff bekommen müsse. Ich schob das Gefühl, der Lage nicht gewachsen zu sein, einfach beiseite, zugleich wusste ich auch nicht, an wen ich mich wenden sollte. Immer wieder sah ich vor meinem inneren Auge das Bild eines bunten Glasfensters einer alten gotischen Kathedrale. Dies war zu der Zeit meine einzige Assoziation mit dem Begriff *Exorzismus*.

Ohne irgendetwas anderes in der Hand zu haben, beschloss ich, in den staubigen Regalen von Antiquariaten nach Material über mittelalterlichen Exorzismus zu suchen. Schließlich fiel mir in einer dieser Buchhandlungen eine Abbildung von Erzengel Michael auf einem strahlend bunten Glasfenster einer englischen Kirche auf. In dem goldgeränderten Buch wurden Gebete erwähnt, mit denen man den Erzengel um Hilfe beim Umgang mit »Dämonen« bitten konnte. Ich merkte, wie ich den Atem angehalten und zu schwitzen begonnen hatte. Was ich gerade las, war eine ausführliche Beschreibung, wie man ein Haus von bösen Geistern befreien konnte.

Ich las: »Michael ist der Prinz der himmlischen Armeen. Die Gläubigen rufen ihn bei allen Gefahren für Seele und Körper an und bitten ihn flehentlich um Beistand in der Stunde ihres Todes, damit er ihre Seelen vor den Thron Gottes bringen möge.« Beim Lesen dieser Worte konnte ich nicht länger die Tatsache und das Ausmaß des Spuks verleugnen, und ich begriff, wie hilflos wir eigentlich waren. Ich hatte mir eingebildet, dass ich irgendwie die Macht besitze, meine Familie zu beschützen und mich den herumwirbelnden Legionen entgegenzustellen, die nach Belieben jede Nacht durch unser Haus zogen. In Wahrheit war mir die Situation längst über den Kopf gewachsen, doch Michael warf mir eine Rettungsleine zu. Unter Tränen begann ich erleichtert aufzuatmen.

Ich bin in einer verwässerten christlichen Tradition aufgewachsen, die der Präsenz von Erzengeln kein großes Gewicht beimaß. Doch als ich an jenem Morgen in dem alten Buchladen stand und das Bild von Erzengel Michael betrachtete, wie er seinen mächtigen Speer auf das Angst einflößende wilde Tier unter seinen Füßen richtete, wusste ich, dass ich den Richtigen für den Job gefunden hatte.

In dieser Nacht schlief mein Sohn bei einem Freund. Ich legte mich ins Bett und schloss die Augen. Die Zeit war gekommen. Der Raum war eiskalt, und von dem ganzen Haus ging, wie immer, eine Unruhe und Spannung aus.

Nicht sicher, was ich als Nächstes tun sollte, wandte ich mich mit einem einfachen Gebet an Erzengel Michael und bat ihn um Hilfe. Im nächsten Augenblick erschien er vor meinem inneren Auge als eine hochgewachsene, feurige Gestalt. Ich fühlte, wie seine Wärme den Raum erfüllte und seine Gegenwart mich beruhigte.

Ich bat ihn, mir zu helfen, die Geister oder Wesenheiten loszuwerden, die sich in unserem Haus herumtrieben. Kaum hatte ich sie erwähnt, als ich – wie auf einer Leinwand vor meinem inneren Auge – eine große Anzahl von Formen sah, die sich in der Dunkelheit vor mir sammelten.

Erzengel Michael stand direkt vor meinem Bett und schirmte mich mit seinen riesigen Flügeln und seiner großen Aura glühend weißen Lichtes ab. Die Seelen, die sich vor ihm versammelt hatten, schienen in seiner Gegenwart ganz ruhig zu sein. Dann merkte ich, dass er sie nach rechts dirigierte, wo eine kleine Öffnung des Lichts immer heller und größer wurde.

Es war, als würde ein schwerer Stein von dem Eingang in eine Bergwand weggeschoben und als würden wir alle von der Höhle aus zuschauen, wie die hellen Strahlen der Sonne hereinströmten, um uns zu wärmen. Das golden-weiße Licht, das durch diese Öffnung strahlte, schien die versammelten Geister zu sich zu rufen. Ich konnte dem Erzengel nur dabei zuschauen, wie er eine Seele nach der anderen aufforderte, durch die Öffnung in den strahlenden Sonnenschein hineinzugehen.

Während sich die Reihe der Schattenseelen auf den beleuchteten Eingang zubewegte und ihn passierte, kamen immer mehr und mehr hinzu! Diese Prozession schien kein Ende zu nehmen, und obgleich ich spürte, dass mir die Augen vor Müdigkeit zufallen wollten, kämpfte ich darum, wach zu bleiben, um zu sehen, was als Nächstes passieren würde.

Der Erzengel muss meine Müdigkeit gespürt haben. Er befahl den Seelen, die noch nicht durch die helle Öffnung ins Licht gegangen waren, sich fürs Erste zurückzuziehen und mich in Frieden zu lassen. Und auf seine Anweisung lösten sie sich einfach auf. Es schien, als hätte Erzengel Michael ein Tor für alle jene verlorenen Seelen geöffnet, damit sie hindurchgehen und nicht länger ruhelos und an einem Ort gefangen sein würden, wo sie nicht hingehörten. Und das Ganze war ohne jeglichen Kampf vor sich gegangen, auf wunderbar friedliche und mitfühlende Art.

Die Energie in unserem Haus beruhigte sich schnell, und der Erzengel kam viele Male zurück, um diese Seelen ins Licht zu begleiten. Und jedes Mal schienen sie von weit her zu kommen, um sich in einer ordentlichen Reihe aufzustellen und in das Licht hineinzugehen, das er für sie bereithielt. Nach einiger Zeit brauchte Michael nicht mehr so regelmäßig zu kommen, und nach und nach fühlte sich unser Haus wie ein richtiges Zuhause an.

Später erfuhr ich von einem Ortsansässigen, dass das Gelände in der Nähe unseres Hauses wahrscheinlich in alten Zeiten als Begräbnisstätte gedient hatte. Und das Haus selbst befand sich nur wenige Meter von einem existierenden Friedhof entfernt, der auf die frühesten Siedler zurückging. Offensichtlich hatte Erzengel Michael unglaublich viele Seelen herbeigerufen, einschließlich jener, die Jahrhunderte zuvor gestorben waren, um sie ins Licht zu führen.

Wir verlebten ein paar sehr glückliche Jahre in jenem Haus. Viel später, nachdem ich den herrlichen Garten erneuert und das Anwesen mit viel Sorgfalt renoviert hatte, verkaufte ich das Haus auf dem Hügel zu einem Rekordpreis. Inzwischen konnte man dank Michaels Hilfe kleine Kinder hören, die fröhlich in der Nachbarschaft spielten. Danke, Erzengel Michael!

Wie wir gesehen haben, gehört es zu Erzengel Michaels Spezialitäten, uns zu beschützen sowie Angst und ihre Ursachen zu beseitigen. Er unternimmt alles, was nötig ist, damit wir uns sicher und geborgen fühlen, und zuweilen bedeutet dies, dass er sich in den Bereich physischer Heilung begibt und gemeinsam mit Raphael, dem Erzengel der Heilung, tätig wird, wie wir im nächsten Kapitel entdecken werden.

Achtes Kapitel

Die Erzengel Michael und Raphael

Erzengel Michaels Heilmethoden sind, wie bereits in Kapitel 7 beschrieben, mächtig und effektiv. Tatsächlich berichten viele Menschen über umgehende Erleichterung von Schmerzen und Angst, wenn sie ihn um Hilfe bitten. Auch wenn wir Michael normalerweise nicht als »heilenden« Engel sehen, so besitzt er doch beeindruckende Kräfte, wie die Geschichte von Sandee Belen zeigt:

> Als junges Mädchen habe ich viel getanzt, obwohl ich immer Probleme mit meinem rechten Fuß hatte. Gelegentlich verkrampften sich die Muskeln, was extrem schmerzhaft war. Als ich eines Abends wieder einmal einen scharfen Schmerz im Fuß verspürte, reichte es mir endgültig und ich bat Erzengel Michael, jegliche metaphysische Ursache, an der ich festhielt und die der Grund für meine Beschwerden war, zu beseitigen. Im nächsten Moment waren die Schmerzen verschwunden!

Ich habe erlebt, wie Menschen nach Michaels Intervention sofort von chronischen Schmerzen geheilt wurden. Das liegt daran, dass ein großer Teil der Schmerzen im Bereich der Wirbelsäule und Muskeln auf angstbesetzte ätherische Schnüre und negative Energie zurückzuführen ist. Sobald Michael diese Ursache beseitigt, hört der Schmerz auf.

Jedoch wenden sich Menschen, die eine physische Heilung wünschen, in der Regel an Wesen, die speziell mit Heilung assoziiert werden, wie zum Beispiel Jesus, bestimmte Heilige oder Gottheiten oder Erzengel Raphael.

Raphaels Name bedeutet »Er, der heilt« oder »Gott heilt«. Er wird in dem von den Katholiken anerkannten alttestamentarischen Buch Tobias als der Engel erwähnt, der Tobias von seiner Blindheit heilt. Außerdem begleitet Raphael Tobias (oder Tobit, wie er manchmal genannt wird) auf seiner Wanderung, sodass dem Engel ein zweites Spezialgebiet zugewiesen wurde – als Schutzpatron der Reisenden.

Mit den Erzengeln heilen

Die Erzengel Michael und Raphael arbeiten so gut zusammen, dass ihre Beziehung der zwischen zwei besten Freunden gleicht. Beide ergänzen perfekt die Begabungen des anderen und gemeinsam bieten sie eine unaufhaltsame Kombination leistungsstarker Heilfähigkeiten.

Ich erhalte häufig Berichte über Heilungen mit Michael und Raphael, wie zum Beispiel dieses schöne Erlebnis von Beverly M. Czikowsky:

> Bei meinem 14-jährigen Neffen wurden eine Arterienverengung sowie ein Problem mit der Blutgerinnung diagnostiziert, was bedeutete, dass eine Operation besonders schwierig und gefährlich für

ihn war. Vor der Operation beteten wir gemeinsam. Mein tapferer Neffe sang sogar, als er in den OP geschoben wurde!

Der langwierige Eingriff verlief zwar erfolgreich, aber am nächsten Tag verschlechterte sich sein Zustand. Sein Körper füllte sich mit Flüssigkeit, seine lebenswichtigen Organe begannen zu streiken, und sein Atem wurde immer flacher. Der Arzt sagte, er hätte alles Menschenmögliche unternommen und dass wir jetzt nur noch beten könnten. In meinen Augen ist Beten niemals die letzte Zuflucht, sondern das, was uns am Leben erhält.

Wir hielten uns alle an den Händen und bildeten einen Kreis um das Bett meines Neffen. Gemeinsam beteten wir zu den Erzengeln Michael und Raphael, konnten aber auch die Gegenwart vieler liebevoller Engel fühlen.

Wir formulierten eine sehr spezifische Bitte: »Bitte, beseitigt diese Flüssigkeit aus seinem Körper, heilt ihn und ersetzt die Flüssigkeit durch euer wunderbares weißes Licht.« Der Raum war voller Liebe – es war, als könnte man sie greifen, so real war sie. Unsere Augen, auch die der anwesenden Krankenschwestern, waren voller Tränen. Am nächsten Morgen waren die Ärzte sprachlos. Über Nacht hatte mein Neffe zehn Pfund Körperflüssigkeit verloren. Die Ärzte konnten sich dieses Phänomen medizinisch nicht erklären und sprachen von einem Wunder.

War es ein Wunder? Vielleicht, doch ich glaube, dass es einfach Liebe war. Gott und seine Engel sind mit ihrer Liebe allgegenwärtig.

Heute ist mein Neffe, inzwischen sechzehn Jahre alt, ein gesunder Teenager, der Gitarre spielt, Songs schreibt und sich gern an der frischen Luft aufhält ... und ich bin eine überaus stolze Tante!

Unabhängig vom Krankheitszustand kann sich das Herbeirufen von Raphael und Michael äußerst positiv auf den Patienten, das Krankenzimmer und andere damit zusammenhängende Aspekte der Heilung auswirken.

Die nächste Geschichte einer Freundin von mir, Ariel Wolfe, zeigt, dass die Gegenwart der beiden Erzengel sogar von hochempfindlichen medizinischen Instrumenten registriert wird:

Kürzlich musste ich mich aufgrund einer Erkrankung einer Reihe von Kernspintomografien unterziehen. Jedes Mal bat ich Erzengel Michael und Raphael, mich zu begleiten; und während ich ganz still in der engen Röhre lag, genoss ich die Energie dieser beiden Engel, wenn ich ihnen sagte, ich sei bereit, gesund zu werden.

Dann sah ich Michael und Raphael, wie sie um mich herum zu tanzen begannen: Die Erzengel führten einen Kreistanz über meinem Zwerchfell auf, während ich bewegungslos auf dem schmalen Tisch in der engen Röhre lag.

Plötzlich hörte ich durch einen Lautsprecher in der Röhre die Stimme der Krankenschwester, die meinte: »Irgendetwas bewegt sich da drinnen! Vergessen Sie nicht, Sie müssen absolut still liegen.«

»Ich schwöre, dass ich nicht einen einzigen Muskel bewegt habe!«, erwiderte ich, glücklich darüber,

dass die Bewegungen der Engel von dem hoch-
sensiblen Gerät registriert worden waren.

Ich liebe Ariels Geschichte wegen des Humors, den die Engel
zeigten, und ihrer einfallsreichen Art, sie wissen zu lassen,
dass sie bei ihr waren.

Obwohl Raphael der wichtigste Heilengel ist, ist es immer
hilfreich, bei Angst einflößenden Situationen Michael zu bitten, mit ihm zusammenzuarbeiten. Schließlich hat Michael
die wunderbare Gabe, Angst aufzulösen, und das ist *immer*
heilsam! Aus diesem Grund ist die folgende Geschichte von
Susan Chorney ein schönes Beispiel für die Zusammenarbeit
der beiden Erzengel:

> Am 14. August 2004 hatten meine drei Stiefkin-
> der mit ihrer Mutter einen Autounfall. Die 13-
> jährige Nicole lag mit schweren Kopfverletzungen,
> gebrochenem Kiefer und kollabierter Lunge im
> Koma.
>
> Auf dem Weg zum Flughafen, um zum Kinder-
> krankenhaus zu fliegen, wurde mir klar, dass ich
> Hilfe brauchte, um mit dieser tragischen Situation
> zurechtzukommen. Ich besorgte mir also noch
> Doreens Buch *Die Erzengel und wie man sie ruft*,
> damit mein Mann Paul und ich uns an einen
> Strohhalm klammern konnten, dass Nicole über-
> leben würde.
>
> Die Ärzte teilten uns mit, dass sie die Nacht
> wahrscheinlich nicht überleben würde. Immer
> wieder umgab ich sie mit weißem Licht und bat
> die Erzengel Raphael und Michael, ihr Gehirn

und ihre Lunge zu heilen, und bedankte mich wiederholt, dass sie bei ihr waren.

Nicole hatte eine Sonde im Gehirn, die den Umfang der Schwellung maß, und je höher die Zahl, desto größer war die Wahrscheinlichkeit, dass sie nicht überleben würde.

Gott ist mein Zeuge: Jedes Mal, wenn ich für sie betete und die beiden Erzengel bat, sie zu heilen, ging die Schwellung zurück. Es war eine wissenschaftliche Tatsache, die durch die Zahlen auf dem Monitor bestätigt wurde. Dieser Hoffnungsstrahl sorgte dafür, dass mein Mann nicht völlig verzweifelte. Er bat mich, nicht eine Minute von ihrer Seite zu weichen!

Nicole hat überlebt und besucht inzwischen die High School. Die Ärzte sagen, dass ihre Genesung, die niemand für möglich hielt, ein wahres Wunder sei. Paul ist so dankbar für alles, was Raphael und Michael getan haben, dass er jeden Tag zu seinen Engeln spricht. Heute weiß er, dass er, sollte er Hilfe benötigen, nichts anderes tun muss, als sie darum zu bitten.

Raphael unterstützt Heiler in der Behandlung ihrer Patienten. Darüber hinaus hilft er allen, die den Heilberuf ergreifen wollen, die für sie richtige Fachrichtung zu wählen, und bietet Führung und Unterstützung bei der Ausbildung an.

In der nächsten Geschichte wird deutlich, wie Raphael und Michael Heilern in nervenaufreibenden Situationen Hilfe zuteil werden lassen. Schließlich bringt der Heilberuf große Verantwortung und zuweilen starken Druck mit sich, wie eine Krankenschwester namens Susan berichtet:

Wie konnte ich wissen, dass ich auf dem Rückweg von einem Angel-Therapy-Training nach New York City die Gelegenheit haben würde, meine Fähigkeiten in einer lebensgefährlichen Situation unter Beweis zu stellen?

Nach 17-jähriger Tätigkeit als Krankenschwester in großen Firmen, in denen ich hauptsächlich mit der Erstellung von Kranken- und Unfallberichten beschäftigt war, wurde ich von dem nagenden Wunsch geplagt, wieder direkt von Angesicht zu Angesicht mit Menschen zu arbeiten.

Auf meinem Flug fragte die Stewardess über Lautsprecher, ob sich ein Arzt oder eine Krankenschwester an Bord befinde. Nachdem ich mich gemeldet hatte, bat die Stewardess mich, ihr in den hinteren Teil der Maschine zu folgen und eine Frau zu untersuchen, die plötzlich zusammengebrochen war. Während wir den Gang entlangeilten, hoffte ich insgeheim, dass noch ein Arzt an Bord war.

Die anderen Passagiere musterten uns aufmerksam, um herauszufinden, was denn passiert war. Ich musste die Tränen zurückhalten, die mir in die Augen traten, als ich die Bordküche betrat. Und ich fragte mich, ob ich dieser Frau, die dasaß und der man eine Sauerstoffmaske angelegt hatte, helfen könnte, da ich so lange keinen direkten Kontakt mit Kranken gehabt hatte, aber ich riss mich zusammen. Und ohne Instrumente zur Hand zu haben, musste ich mich völlig auf meinen Instinkt verlassen – sowie auf die Hilfe Gottes und der Engel.

Es war eine reizende Dame Ende 50, und ihr Mann stand ruhig neben ihr. Joan (nicht ihr richtiger Name) sah blass aus, konnte mir aber kurz erklären, was mit ihr los war. Ich prüfte ihren Puls, konnte ihn aber nur ganz schwach fühlen, also versuchte ich es am anderen Handgelenk, mit dem gleichen Ergebnis. Ich fragte mich, was ich wohl für sie tun konnte, vor allem als sie begann, vor Kälte zu zittern. Es schien ihr zusehends schlechter zu gehen. Da sich offenbar kein Arzt an Bord befand, war klar, dass ich und die Engel in dieser Situation gefragt waren.

Unverzüglich rief ich den Himmel um Hilfe an. Ich betete mehrmals voller Inbrunst um Unterstützung von Erzengel Michael und Raphael, damit sie mir halfen und diese freundliche Dame bis zur Landung bei Bewusstsein hielten. »Bitte lasst nicht zu, dass sie jetzt ohnmächtig wird!«, flehte ich sie an.

Ich hoffte, dass eine Notlandung nicht erforderlich sein würde, vor allem weil Joans Beine unter ihr weggesackt waren, als sie in den hinteren Bereich des Flugzeugs gehen wollte. Wir hatten noch vier Stunden Flug vor uns und ohne jegliche Hilfe an Bord war ich voll und ganz auf die Unterstützung der Engel angewiesen.

Als ihr Zittern immer stärker wurde und die Decken nicht ausreichten, wusste ich nicht mehr, wie ich sie warm halten sollte. Nach weiteren innigen Gebeten um Hilfe fühlte ich mich plötzlich angeleitet, einige der auf einem Tablett liegenden warmen Frühstückssandwiches zu nehmen (die gerade an die Passagiere verteilt werden sollten) und sie in Tücher eingewickelt über Joans Schultern und in ihre Hände zu legen. Es funktionierte! Sie trank ein wenig warmen Tee, und langsam kehrte die Farbe in ihr Gesicht zurück, und das Zittern hörte auf. *Danke, ihr guten Engel!*, sagte ich innerlich.

Nachdem sich die Lage etwas beruhigt hatte, sprach ich mit dem Kapitän, der auf meine Bitte einen Arzt zum Flughafen bestellte. Die Frau hielt bis zur Landung ohne weitere Probleme durch und konnte die Maschine ohne fremde Hilfe verlassen. Einige Sanitäter und Flughafenpolizisten warteten an der Landebahn, um sich davon zu überzeugen, dass alles in Ordnung war.

Als ich aus dem Flugzeug stieg, hatte ich das starke Gefühl, dass Gott mich wieder zu einer »richtigen« Krankenschwester gemacht hatte, die mit Kranken arbeitet. Schließlich hatte ich dafür gebetet! Und mithilfe der Engel war das Ganze eine sehr erfolgreiche Intervention gewesen. Ich bin Michael und Raphael zutiefst dankbar. Ohne sie hätte ich es nicht geschafft.

Beim Lesen von Susans Geschichte können Sie sich sicher vorstellen, wie groß der Druck war, unter dem sie als einzige Krankenschwester an Bord stand.

Zum Glück verleiht Michael Selbstvertrauen und Mut, während Raphael spezifische Führung gibt, was Heilung und Behandlung betrifft. Die beiden Erzengel sind zweifellos die besten Helfer, die man sich in einer schwierigen Situation wünschen kann.

Raphael und Michael, bitte kommen!

Die Erzengel helfen Menschen in vielen Situationen, abgesehen von ihrer gemeinsamen Heilarbeit. Wie in Kapitel 6 beschrieben, ist Michael in der Lage, mechanische und elektrische Geräte schnell und perfekt zu reparieren. Nun, in der folgenden Geschichte von Deanne Millett half ihm Raphael ein wenig bei einer Reparatur:

> Unser Auto war ständig in der Werkstatt, weil irgendetwas kaputtging, bis uns der Mechaniker schließlich informierte, dass eine neue Gangschaltung notwendig sei. Wir konnten uns diese Ausgabe nicht leisten, also betete ich und bat Michael und Raphael, unser Auto zu reparieren.
>
> Vor meinem inneren Auge konnte ich beide Engel sehen, wie sie sich über den Motor beugten, irgendwelche Teile herausnahmen und durch neue ersetzten. Sie hatten ihre Ärmel hochgekrempelt und ihre Flügel auf dem Rücken zusammengelegt. Am nächsten Tag sagte mir der Mechaniker, dass die Gangschaltung doch in Ordnung sei und es nur noch um ein paar kleinere Reparaturen ginge. Danke, Michael und Raphael!

Raphaels Hauptaufgabe ist es, physische Körper zu heilen und professionelle Heiler zu unterstützen; doch in diesem Fall wurden Deannes finanzielle Ängste durch seine Intervention geheilt.

Beide Erzengel sind mitfühlende Heiler von Emotionen, da Raphael weiß, dass Stressreduzierung die beste Präventivmedizin ist, wie eine Studentin namens Julie Schwaiger feststellte:

> Ich studiere und habe zusätzlich zwei Jobs. Mein Terminplan ist äußerst strapaziös, doch da ich ja weiß, dass ich noch ein paar Jahre so weitermachen muss, achte ich sehr gut auf mich.
>
> Aber einmal, als ich besonders müde war und kurz vor dem Ausbruch einer Krankheit stand, schaffte ich es plötzlich nicht mehr, von meinem Auto zur Klasse zu gehen. Am liebsten hätte ich sofort alles aufgegeben. Ich war einfach nur erschöpft; zudem empfand ich die Lehrerin dieser Klasse als schwierig und fühlte mich emotional verwundbar.
>
> Also bat ich Erzengel Michael und Raphael, mir zu helfen, in die Klasse zu kommen, und mich vor der Professorin zu schützen. In derselben Sekunde fühlte ich tatsächlich zwei Wesen, die neben mir hergingen und mich leicht hochhoben, sodass meine Füße den Boden kaum berührten. Außerdem spürte ich auf beiden Seiten Arme um meine Schultern, so als würden die beiden Engel mich sowohl trösten als auch stützen.
>
> Dieses Erlebnis beflügelte mich und gab mir die Kraft, meinen ganzen Mut zusammenzunehmen und in die Klasse zu gehen. Und wissen Sie was? Die Lehrerin beachtete mich gar nicht! An diesem Tag hackte sie sogar auf niemandem herum! Seitdem bete ich jeden Tag um Schutz!

Die Erzengel reagieren immer auf unsere Hilferufe, und dazu gehört auch, dass sie auf unsere Bitte kommen, um einer anderen Person beizustehen, wie Sie im nächsten Kapitel erfahren werden.

Neuntes Kapitel

Michael im Namen einer anderen Person um Hilfe bitten

Michael kann nicht den freien Willen eines Menschen unterwandern. Daher müssen Sie um seine Hilfe bitten, bevor es ihm erlaubt ist zu intervenieren. Die einzige Ausnahme besteht dann, wenn jemand in Lebensgefahr schwebt, obwohl seine Zeit noch nicht gekommen ist, und selbst dann müssen die meisten Michaels Führung folgen (indem sie ihre eigenen freien Entscheidungen treffen), um eine Intervention zu ermöglichen.

Daher stellt sich unweigerlich die Frage: *Ist es in Ordnung, Erzengel Michael zu bitten, anderen zu helfen, oder stellt das eine Verletzung ihres freien Willens dar?*

Die Antwort ist zweifacher Art:

1. Wenn Sie Engel an die Seite einer anderen Person rufen, ist ihre *Präsenz* heilsam und beruhigend, selbst wenn sie nicht direkt in das Leben des Betreffenden eingreifen.

2. Die Engel haben die Erlaubnis, in jeder Situation in dem Maße zu intervenieren, wie sich diese auf *Sie* auswirkt.

Um ein Beispiel für den zweiten Aspekt zu geben, nehmen wir an, dass Sie sich Sorgen machen und körperlich darunter leiden, dass Ihr Partner raucht. Wenn Sie die Engel um Hilfe in dieser Situation bitten, ist es ihnen gestattet, diese Hilfe im Hinblick auf die Aspekte, die mit Ihnen direkt in Verbindung stehen, zu gewähren, beispielsweise indem sie den Rauch von Ihnen fernhalten und Ihren inneren Frieden und Ihren Glauben stärken. Die Engel können Ihren Partner zwar nicht zwingen, mit dem Rauchen aufzuhören, aber ihre Gegenwart wird ihn vielleicht derart beruhigen, dass der Wunsch nach einer Zigarette nachlässt oder sogar ganz verschwindet.

Es ist eine gute Idee, Erzengel Michael zu bitten, über Ihre Lieben zu wachen, wie die folgende Geschichte von Debbie Allen zeigt:

> Seit einem Jahr verdient mein Mann sein Geld als Fahrer eines Zehntonners. Jeden Morgen, wenn er das Haus verlässt, bitte ich Erzengel Michael, ihn mit seinem Licht zu umgeben, auf seine Sicherheit zu achten und ihn durch den Tag zu geleiten.
>
> Außerdem bitte ich, er möge seinen schweren Laster mit göttlichem Licht und Engeln umgeben und dafür sorgen, dass mit der Ladung alles in Ordnung ist. Des Weiteren bitte ich, die Engel mögen andere Fahrer veranlassen, dem Laster meines Mannes auf der Straße viel Platz zu lassen.
>
> Ich weiß, dass Erzengel Michael meinen Mann beschützt, was vor allem drei Zwischenfälle deutlich beweisen:
>
> Einmal bog mein Mann in eine Straße ein und sah aus dem Augenwinkel, wie ein Auto auf ihn zugeschossen kam. Mein Mann trat die Bremse

durch und machte sich auf einen unvermeidlichen Zusammenstoß gefasst. Er sah, wie der Fahrer und die drei Insassen im Teenageralter auf seinen Laster zuschlitterten. Zur großen Überraschung und Erleichterung aller Beteiligten kam das Auto gerade noch rechtzeitig zum Stehen!

Bei einer anderen Gelegenheit fuhr jemand auf den Laster meines Mannes auf, doch gab es weder Verletzte noch irgendeinen Sachschaden.

Das jüngste Ereignis fand einen Tag vor dem Inkrafttreten einer neuen Versicherung für den Laster statt. Man hatte uns einen Preis genannt, der 50 Prozent unter dem lag, den wir bei unserer jetzigen Versicherung bezahlten; aber damit waren einige Bedingungen verknüpft, die auf der Tatsache basierten, dass wir noch nie einen Schadensfall hatten.

Mein Mann rief mich mit der Neuigkeit an, dass eine Frau behauptete, er wäre ihr in die Seite gefahren. Er war sich nicht bewusst, jemanden angefahren zu haben, und als er den Zwischenfall bei der Polizei meldete, sagte man ihm, dass ein Polizist den Unfall gesehen habe und glaube, dass er schuld sei. Es schien außer Frage zu stehen, dass man ihn dafür verantwortlich machen würde, was zur Folge hätte, dass sich unsere monatlichen Versicherungsbeiträge fast verdoppeln würden.

Ich erinnerte mich jedoch an den letzten Zwischenfall und beschloss, nicht den Glauben zu verlieren. Ich wusste zwar nicht, wie, war mir aber sicher, dass Erzengel Michael mich nicht im Stich lassen würde.

An jenem Abend kam ich nach Hause, als mein
Mann gerade den Telefonhörer auflegte. »Du wirst
nie erraten, was passiert ist!«, rief er aus. Offensichtlich hatte die Frau gesagt, dass sie die ganze
Sache vergessen wollte, da ihr Auto nicht beschädigt worden war.

Da Erzengel Michael es so meisterhaft versteht, Autos zu
reparieren, überrascht es nicht, dass Gebete um diese Art der
Intervention umgehend beantwortet werden, selbst wenn es
im Namen einer anderen Person geschieht, wie Rebecca
Guthrie erfuhr:

Meine Freundin rief mich ziemlich verzweifelt an.
Sie hatte an einem Rastplatz angehalten, und als
sie weiterfahren wollte, sprang der Motor nicht
mehr an. Es wurde langsam dunkel, und ihr war
sehr unwohl bei dem Gedanken, vielleicht bis in
die Nacht auf einen Automechaniker des Bereit-
schaftsdienstes warten zu müssen.

Da meine Freundin wusste, dass ich eine innige
Verbindung zu den Engeln hatte, fragte sie mich,
ob ich die Engel bitten könne, ihr zu helfen. Ich
fragte, ob sie Erzengel Michael gebeten hatte, ihren Motor zu starten. Ja, sagte sie, doch es hatte
nicht funktioniert.

Sofort bat ich Michael, das Auto zu reparieren,
und sah vor meinem inneren Auge, wie er sich
über den Motor beugte und sich daran zu schaffen
machte. Als ich sah, dass er fertig war, forderte ich
meine Freundin auf, den Motor zu starten, doch
er sprang immer noch nicht an. Ich wusste, dass

sie die Fähigkeit der Engel anzweifelte, ihr Auto reparieren zu können, und ihr fehlender Glaube verhinderte, dass es startete.

Ich bat sie, ihre Zweifel loszulassen und den Engeln zu vertrauen. Eine Minute lang sagte sie gar nichts, während sie die ganze Situation Gott übergab. Als sie mir sagte, sie sei bereit, forderte ich sie erneut auf, den Motor zu starten. Dieses Mal funktionierte es auf Anhieb! Sie war unendlich froh und erleichtert, und für mich war es eine wundervolle Erinnerung daran, dass alles möglich ist, wenn man nur glaubt und vertraut.

Darüber hinaus hat Michael mir und meinem Partner schon oft bei mechanischen und Computerproblemen geholfen. Auch unterstützte er mich dabei, meine Musikanlage zu verkabeln und meinen Internetzugang einzurichten, indem er mich mit Bildern in meinem Kopf Schritt für Schritt anleitete.

Wie Rebeccas Geschichte verdeutlicht, hat Michaels Hilfsbereitschaft dem Glauben ihrer Freundin Auftrieb gegeben, was meiner Ansicht nach die Hauptmotivation hinter der Reparaturtätigkeit des Erzengels ist. Beachten Sie auch, wie Rebecca ihren Teil dazu beitrug, indem sie seiner Führung folgte, die als mentale Bilder zu ihr kamen. Andere Menschen mögen seinen Input in Form von intuitiven Gefühlen oder Einsichten oder Ideen empfangen.

Der nächste Bericht von einer Frau namens Li Ann zeigt auf, wie sich Michaels Beistand über die normale Logik hinwegsetzt:

Ich arbeitete noch nicht lange mit den Engeln und konzentrierte mich dabei auf Erzengel Michael, da mir sein Name vertraut war und ich davon ausging, dass er alle anderen Engel beaufsichtigte.

Eine Freundin, die von meinen Engelkontakten wusste, rief mich an und bat mich, für sie zu beten, weil sie am Abend zuvor ihren Autoschlüssel verloren hatte. Sie ließ sich zu ihrem Wagen fahren, um zu versuchen, einen Ersatzschlüssel mit dem korrekten Code zu programmieren. Ich betete: »Ich danke dafür, dass Erzengel Michael und andere Engel bei meinen Freundinnen sind, um dafür zu sorgen, dass sie sicher ihr Ziel erreichen und das Auto sofort anspringt.«

Meine Freundin sagte, dass der Ersatzschlüssel noch nie programmiert worden war, also las sie auf der Fahrt die Anleitung. Einige Zeit später rief sie mich erneut an und wollte wissen, ob ich Erzengel Michael um Hilfe gebeten habe. Als ich ihre Frage bejahte, bat sie mich, ihr den genauen Wortlaut meines Gebetes zu sagen. Nachdem ich das getan hatte, fragte ich sie, warum sie das wissen wollte.

Sie antwortete: »Du wirst nicht glauben, was gerade passiert ist! Ich habe während der ganzen Fahrt, eine Stunde lang, diese Anleitung studiert. Als wir an meinem Wagen ankamen, öffnete ich die unverschlossene Tür, steckte den Schlüssel ins

Zündschloss – und vergiss nicht, es war ein leerer, unkodierter Schlüssel – und der Motor sprang sofort an, ohne dass ich irgendetwas tun musste!«

Begeistert von ihrer Geschichte, sagte ich: »Nun, die Engel haben sich um die Sache gekümmert! Toll!«

Da dies meine erste bewusste Engel-Erfahrung war, freute mich diese Bestätigung ganz besonders, und ich werde nach diesem erfreulichen Ereignis ohne Zweifel auch weiterhin mit Michael und den anderen Engeln zusammenarbeiten!

Erzengel Michael hat viele Talente, wie wir bereits gesehen haben, unter anderem schützt, repariert und heilt er. Während die anderen Erzengel ihre eigenen speziellen Wirkungsbereiche haben, können wir mit Sicherheit und großem Respekt sagen, dass Michael ein »Engel für alle Zwecke« ist, den wir in allen Situationen um Hilfe bitten können.

In der Regel denken wir an den heiligen Antonius oder Erzengel Chamuel, wenn es darum geht, verlorene Gegenstände wiederzufinden, doch wie die Geschichten in diesem Kapitel zeigen, ist auch Michael sehr bewandert im Auffinden von Gegenständen.

Wenn Sie nach einem verloren gegangenen Gegenstand suchen, kann die folgende Geschichte als Beispiel dafür dienen, was passiert, wenn Sie Erzengel Michael um Hilfe ersuchen. Eine Frau namens Susan Gunton stellte fest, dass Michael verlorene Gegenstände sogar dann finden konnte, als sie ihn im Namen einer anderen Person darum bat:

Ich arbeite mit einem Mann zusammen, der in Bezug auf die Existenz von Engeln sehr skeptisch war. Eines Tages suchte er verzweifelt einige Quittungen, die er für die Steuer brauchte. Er wollte sie unbedingt finden, weil er große Summen von seinem eigenen Geld für Firmenausgaben ausgelegt hatte.

Ich riet ihm mehrmals, die Engel um Hilfe zu bitten. Ich sagte: »Wenn Sie nicht wissen, wen Sie um einen spezifischen Gefallen bitten sollen, können Sie sich immer an Erzengel Michael wenden, da er bei *allem* hilft.«

Nun, zu meiner Überraschung rief er mich etwas später an und erzählte, dass er tatsächlich Michael gebeten habe, ihm bei der Suche nach den Quittungen behilflich zu sein. Er war nach Hause gegangen und hatte sie sofort an einer Stelle gefunden, an der er nie nachgeschaut hätte. Sie können sich vorstellen, wie erleichtert er war!

Als er wieder im Büro war, berichtete er sogar unserem Vorgesetzten von dem Vorfall und wie er seine Quittungen gefunden hatte. Heute bittet er Erzengel Michael immer um Hilfe!

Auch meine Mutter arbeitet erfolgreich mit Erzengel Michael, um verlorene Gegenstände zu finden. Einmal hatte sie wochenlang nach ihren Handschuhen gesucht. Ich schlug ihr vor, Michael zu bitten, ihr bei der Suche zu helfen. Sie folgte dem Rat, als ihr plötzlich der Gedanke kam, eine neue Dose Kaffee aus dem Schrank zu holen – einem Ort, an dem sie ihre Handschuhe nie vermutet hätte. Doch kaum zu glauben, da waren sie, im Regal direkt neben der Kaffeedose! Heute bittet sie öfter Michael und die Engel um Hilfe.

Erzengel Michael im Namen einer anderen Person um Hilfe zu bitten ist eine liebevolle Geste Ihrerseits, die keine schädlichen Nebenwirkungen hat! Und wer weiß? Vielleicht wird eines Tages jemand anders auch Ihnen diesen Gefallen erweisen, wie Anne Davey entdeckte:

> Vor Kurzem hatte ich einer lieben Freundin eine Orakelkarte mit dem Bild von Erzengel Michael gegeben, damit sie nicht vergisst, dass dieser mächtige Engel über uns alle wacht.
>
> Ungefähr zur gleichen Zeit geriet ich in finanzielle Schwierigkeiten. Meine Heilpraxis brachte nicht genug ein, um meinen Lebensunterhalt zu sichern. Ich war traurig bei dem Gedanken, wieder einen normalen Job annehmen zu müssen, da ich meine Arbeit als Heilerin liebte.
>
> Als ich eines Tages auf dem Weg ins Büro war, sagte mir dieselbe liebe Freundin, sie hätte Erzengel Michael gebeten, mir bei meinem Dilemma zu helfen. Innerhalb der Woche wurde in meiner Firma die neue Position eines »Wellness-Koordinators« geschaffen. Die erforderlichen Voraussetzungen schienen direkt auf mich zugeschnitten zu sein. Ich bewarb mich und bekam den Job! Danke, Erzengel Michael.

Mithilfe von Erzengel Michael fand Anne ihren perfekten Job, und im nächsten Kapitel werden wir auch von den anderen Dingen erfahren, die zu finden er uns hilft.

Zehntes Kapitel

Michael hilft
in puncto Beruf und Lebensaufgabe

Diejenigen, die sich auf dem spirituellen Weg befinden und mit Engeln arbeiten, sind in der Regel feinfühlige Personen, die die Gesellschaft sanftmütiger Leute vorziehen und ihre Zeit sinnvollen und angenehmen Aktivitäten widmen. Daher ist es kein Wunder, dass sich viele spirituell orientierte Menschen einen angenehmen Beruf wünschen, dem Sanftheit und Sinnhaftigkeit innewohnen. Die meisten wollen einen wertvollen Beitrag zur Welt leisten, indem sie zum Beispiel Menschen, der Umwelt, Tieren oder einer anderen Sache Hilfe und Heilung anbieten.

Erzengel Michael ist der Engel, an den Sie sich wenden sollten, wenn es um Ihren Beruf oder Ihre Lebensaufgabe geht. Er hat Zugang zu Ihren Akasha-Aufzeichnungen (oder dem »Buch des Lebens«), die Ihren Seelenplan für dieses Leben enthalten. Wenn Sie vergessen haben, welche Aufgabe Sie haben, oder wenn Sie sich unsicher sind, ob Sie auf dem richtigen Weg sind oder nicht, kann Michael Ihnen helfen.

Ich empfehle Ihnen, sich mit einem Notizblock und Stift ausgestattet an einen ruhigen Ort zu begeben und eine Frage-und-Antwort-Stunde mit Michael abzuhalten. Bitten Sie ihn zunächst, seine Botschaften durch Ihren Stift fließen zu lassen und dafür Sorge zu tragen, dass nur seine göttliche Stimme durchkommt. Schreiben Sie dann eine Frage zu Ihrem Beruf auf und notieren Sie alle Eindrücke, die Sie empfangen – wie etwa Gedanken, Ideen, Visionen oder Worte.

Wenn Sie nicht sicher sind, ob diese Eindrücke Ihrer Vorstellungskraft entspringen, fragen Sie den Erzengel schriftlich: »Wie kann ich wissen, dass du es bist, der zu mir spricht?« Aus seiner Antwort werden Sie ersehen, dass seine Botschaften authentisch sind.

Darüber hinaus können Sie Michael bitten, Ihnen Zeichen zu geben und Sie damit beruflich auf den richtigen Weg zu führen sowie Ihnen zu helfen, während der Übergangszeit von einem Beruf zum anderen finanziell abgesichert zu sein.

Michael ist besonders für diejenigen eine große Hilfe, die einen sicheren, aber ungeliebten Job aufgeben, um sich selbstständig zu machen oder einen Traumberuf zu verfolgen, wie Claire Jennings zu ihrer Freude feststellte:

> Es war schon immer mein Traum gewesen, einen New-Age-Laden zu führen, doch als alleinerziehende Mutter von zwei kleinen Kindern brauchte ich ein regelmäßiges Einkommen. Also bat ich Erzengel Michael um Führung und empfing die deutliche Botschaft, zunächst einen Laden auf eBay zu eröffnen und dann am Wochenende auf Flohmärkten zu verkaufen.
>
> Nun, die eBay-Empfehlung konnte ich ohne Weiteres akzeptieren, doch der Rat, auf Flohmärkten zu verkaufen, erschien mir wenig sinnvoll. Immer wieder kam mir der Gedanke: *Zuerst*

muss ich mein Inventar vergrößern; erst dann kann ich einen Verkaufsstand in Angriff nehmen! Offensichtlich hatte Michael recht, und meine Zweifel kamen von meinem Ego!

Ich sträubte mich gegen die immer wiederkehrende intuitive Führung, einen Verkaufsstand zu betreiben, und argumentierte gegenüber Michael, dass ich dazu nicht genügend Waren hätte.

Schließlich hörte ich seine Stimme klarer denn je: »Breite sie einfach aus!« Ich brauchte eine Minute, um zu verstehen, dass er meinte, ich solle meine Waren auf einem Tisch ausbreiten. Als ich dieser Aufforderung nachkam, stellte ich fest, dass ich mehr als genug Produkte für einen Verkaufsstand hatte!

In jener Nacht hatte ich eine Traumvisitation von Erzengel Michael, der ein riesiges Füllhorn voller Münzen über meinem Kopf ausschüttete. Ich begann, auf Flohmärkten zu verkaufen ... und es macht mir bis heute großen Spaß, ist erfüllend und das Geschäft blüht. Und seitdem ich einen Verkaufsstand betreibe, sind auch meine eBay-Verkäufe drastisch gestiegen!

Ich habe das Gefühl, als würde Michael mich antreiben und sanft anschubsen. Jedes Mal, wenn ich mir unschlüssig über eine Idee bin, die mir »einfach so« in den Kopf kommt, lassen meine Verkaufszahlen nach. Wenn ich jedoch auf diese göttlich inspirierten Ideen höre und sie umsetze, verkaufe ich – wie zur Belohnung – anschließend umso mehr.

Claires Geschichte zeigt, wie der Erzengel zuverlässige Führung in puncto Beruf gibt, die zu emotionalen und finanziellen Verbesserungen führt. Es ist normal, sich zu sträuben oder verunsichert zu fühlen, wenn er Sie dazu ermutigt, sich in Richtung Ihrer Träume zu bewegen. Das menschliche Ego sagt: »Ich habe nicht die notwendigen Qualifikationen!«, oder: »Ich verdiene es nicht, glücklich zu sein!«, wenn sich ungeahnte Möglichkeiten ergeben. Zum Glück lässt Erzengel Michael Sie dabei nicht allein und schenkt Ihnen Hilfe und Selbstvertrauen, wie eine Frau namens Maree schildert:

> Ich habe fast sechs Jahre lang in einem Labor gearbeitet, wo ich Erdproben für ein internationales Bergbauunternehmen untersuchte. Da mein Job nicht umweltfreundlich war, wurde ich zusehends frustrierter und unglücklicher damit. Irgendwie war es einfach nicht mehr das Richtige für mich!
>
> Eines Tages wurde ich von Erschöpfung und Stress derart übermannt, dass ich innerlich verzweifelt aufschrie: *Ihr Engel, helft mir! Ich will diesen Job nicht mehr!* Noch nie in meinem Leben habe ich so sehr um etwas gebettelt!
>
> Wochen vergingen, und ständig fragte ich: »Michael, bitte lass mich wissen, wenn es Zeit für mich ist, diesen Job aufzugeben. Sag mir, wann ich mir eine Kündigung finanziell leisten kann.«
>
> An dem Tag, an dem meine Gebete beantwortet wurden, überkam mich ein Gefühl von größter Kraft, Frieden und Gelassenheit. Die Empfindungen hatten ihren Ursprung in meinem Herzen, und plötzlich sah ich Michael direkt vor meinen physischen Augen!

Er sagte nur: »Es ist Zeit.« Ich wusste nicht, ob ich lachen oder weinen sollte.

Zwei Tage später reichte ich meine Kündigung ein; und jenes friedvolle, ruhige Gefühl verließ mich mehrere Tage lang nicht. Ich wusste einfach tief in mir, dass dies definitiv das Richtige für mich war, und ich hegte nicht den geringsten Zweifel in meinem Herzen und Kopf, dass Erzengel Michael mich zu diesem Schritt angeleitet hatte.

Das ist jetzt 13 Monate her, und ich habe nicht nur wieder zu mir selbst gefunden, sondern auch meine spirituelle Orientierung vertieft. Und als wäre das nicht genug, habe ich schließlich herausgefunden, was meine Aufgabe im Leben ist! Ich kann nur sagen: *Erzengel Michael ist »a girl's best friend« – viel besser als jeder Diamant!* Kurzum: Er ist mein bester Freund.

Michaels Führung erstreckt sich auch auf alltägliche berufliche Tätigkeiten. Eine Frau namens Helen lernte aus erster Hand, dass Michael für ein gutes Timing sorgen kann, wenn es um geschäftliche Telefonate geht:

Meine Managerin und ich arbeiten in einem sehr kleinen Büro in Kanada. Der größte Teil unserer Tätigkeit besteht darin, isolierte Gemeinden im Norden des Landes zu kontaktieren. Aufgrund der sehr schlechten Wetterbedingungen fallen häufig die Telefonleitungen und die Versorgungsbetriebe in diesen Gemeinden aus, sodass es für uns ein Problem ist, unsere Termine einzuhalten. Vor einiger Zeit jedoch begann ich, Erzengel Michael um

Hilfe zu bitten, um sicherzustellen, dass die Gemeinden ihre Informationen rechtzeitig erhalten. Es funktioniert wunderbar.

Auch meiner Managerin fiel die Veränderung auf, weil wir plötzlich weniger Kommunikationsprobleme als früher zu haben schienen. Ich berichtete ihr, dass ich Erzengel Michael um Hilfe gebeten hatte, und sie schien dieser Tatsache gegenüber offen zu sein und meinte, dass sie das Ganze für eine gute Idee hielt!

Eine Woche später hatten wir einen besonders wichtigen Abgabetermin, den wir unbedingt einhalten mussten, was bedeutete, dass bestimmte Mitglieder von 50 Gemeinden innerhalb von drei Tagen Papiere unterschreiben mussten. Also bat ich Erzengel Michael erneut um seine Hilfe, was dazu führte, dass alles reibungslos und in einem beispiellosen Tempo ablief!

Am letzten Tag vor dem Abgabetermin fehlte noch die Unterschrift einer Gemeinde. Meine Managerin versuchte deshalb, den Unterschriftsbevollmächtigten zu kontaktieren, doch sie kam nicht durch. Sie hatte mehrere Telefonnummern von diesem Mann, also hinterließ sie wann immer möglich Nachrichten, konnte ihn jedoch nicht erreichen.

Dann fiel ihr Erzengel Michael ein; sie bat ihn um Unterstützung und wählte erneut eine der Nummern. Dieses Mal wurde sie mit dem Betreffenden verbunden; die Papiere wurden rechtzeitig unterzeichnet, und alles ging glücklich vonstatten.

Häufig verbringen wir mehr Zeit mit unseren Kollegen als mit unserer Familie und Freunden, daher ist es beruhigend zu wissen, dass Michael hilft, unsere beruflichen Beziehungen zu harmonisieren und zu heilen, wie Lisa Toplis feststellte:

> Ich hatte gerade einen neuen Job in einem Büro begonnen, das ich mit einem Mann teilte, mit dem ich nicht zurechtkam. Ich hatte den Teil seiner Arbeit übernommen, um den er sich aufgrund seiner vielen anderen Verpflichtungen nicht mehr kümmern konnte. Sobald ich jedoch mit dieser Arbeit begann, konnte ich seine Wut und Ablehnung spüren. Jedes Mal, wenn ich eine Aufgabe erledigen wollte, machte er bevormundende und herablassende Bemerkungen.
>
> Ich wollte keine schlechten Gefühle ihm gegenüber aufbauen, doch fiel es mir sehr schwer, ihn zu ignorieren. Wir arbeiteten auf derart engem Raum miteinander, dass ich keinen Ausweg aus dieser Situation sehen konnte. Als ich zu Beginn der dritten Woche erkannte, dass das Problem kein Ende nehmen würde, bat ich innerlich Erzengel Michael, mir zu helfen.
>
> Ich sagte: *Lieber Michael, ich würde gerne deine Hilfe bei diesem Problem in Anspruch nehmen, da mein Kollege und ich so eng aufeinandersitzen und ich ihn nicht ignorieren kann. Ich möchte aber weder mir selbst noch meinem Job gegenüber solche negativen Gefühle hegen.*
>
> Als ich am folgenden Montag ins Büro kam, geschah ein echtes Wunder: Man gab mir mein eigenes Zimmer!

Der Büroleiter erschien vor meinem Schreib-
tisch und sagte: »Lisa, Sie sehen aus, als wäre dieser Raum hier viel zu eng für Sie – lassen Sie mich
mal nachdenken, wie wir die Situation ändern
können.« (Der Direktor war auf Dienstreise und
nur selten da.) Das würde heißen, ich könnte in
Ruhe telefonieren und meine Arbeit erledigen!

Ich bin Erzengel Michael zutiefst dankbar, dass
er mich aus einer unangenehmen und stressigen
Situation gerettet hat – dazu noch so schnell und
mit dem perfekten Resultat! Als Teilzeitbeschäf-
tigte hätte ich mir nicht träumen lassen, in einer
beengten Arbeitsumgebung mein eigenes Büro zu
bekommen. Doch wenn Erzengel Michael hilft,
entwickeln sich die Dinge immer viel besser, als
man es sich vorgestellt hat!

Wenn Sie davon träumen, Ihren gegenwärtigen Beruf aufzugeben, um sich einer befriedigenderen Tätigkeit zuzuwenden,
werden Sie sich von den nächsten zwei Geschichten inspiriert
fühlen, bei denen es um Menschen geht, die genau das getan
haben. Wenn Sie Annelies Hoorniks Bericht lesen, vergessen
Sie nicht, dass Erzengel Michael auch Ihnen ähnliche Hilfe
bei Ihrer Karriere geben kann:

Ich stand in meinem Job als Entwicklerin von
Computersoftware unter großem Stress, da meine
Firma viele Angestellte entlassen hatte und ich die
Arbeit von neun Personen erledigte. Ich hatte
immer wieder gehört, dass Meditation bei der
Stressbewältigung hilft, also beschloss ich, einen
Versuch zu machen.

Nach drei Wochen täglicher Meditation hatte ich ein tiefgreifendes Erlebnis! Ich fühlte, wie ich von der Couch gehoben und in eine Umgebung gebracht wurde, die von strahlend weißem Licht erfüllt war. Ich sah drei Stufen, die zu einer Veranda führten. Dort stand ein freundlich aussehender Mann, der auf mich zukam. Ich sah, dass er sehr leger angezogen war, doch konnte ich sein Gesicht nicht erkennen, da es von dem gleißenden Licht verdeckt wurde. Der Mann sagte, er wolle mit etwas zeigen, und reichte mir seine Hand. Ich nahm sie, da er vertrauenswürdig und nett aussah. Doch als er sich umdrehte, um vorauszugehen, sah ich zwei riesige Flügel auf seinem Rücken.

Das machte mir Angst, da ich als Kind gelernt hatte, dass Engel kommen und dich wegleiten, wenn du stirbst. Also wünschte ich mich auf das Sofa in meinem Wohnzimmer zurück, und genau das geschah dann auch.

Ich *wusste*, dass ich Erzengel Michael begegnet war. Niemand sagte es mir – ich wusste es einfach. Außerdem wusste ich, dass er mich nicht zum Sterben abholen wollte und dass ich ihn jederzeit wieder kontaktieren konnte. Also setzte ich mich am nächsten Tag wieder hin, um zu meditieren, und wollte sehen, ob Michael auch dieses Mal kommen würde.

Ich hatte keine Ahnung, was ich erwarten sollte, da ich keine Erfahrung im Umgang mit Engeln hatte. Ich setzte mich einfach still hin, meditierte und sagte Michael innerlich, dass ich – sollte er immer noch in der Nähe und bereit sein, mir zu zeigen, was er mir gestern hatte zeigen wollen – *jetzt* bereit sei, mit ihm zu gehen und es zu sehen.

In der nächsten Sekunde war ich wieder bei Michael in der gleichen strahlend weißen Umgebung. Er zeigte mir einen speziellen Ort, an dem ich meditieren und meinen inneren Frieden finden konnte. In den folgenden Tagen und Wochen verbrachte ich viel Zeit an diesem lichterfüllten Ort und sah viele Dinge. Erzengel Michael stellte mir meine Schutzengel vor, zwei Heilengel und die anderen Erzengel.

Michael ließ keinen Zweifel daran, dass ich meinen Job in der Softwareindustrie aufgeben und mich voll auf meine Tätigkeit als Heilerin konzentrieren und eine Praxis eröffnen sollte. Er sagte, ich würde vor dem 1. Mai 2002 damit anfangen.

Jede Vision, die der Erzengel mir gezeigt hat, ist wahr geworden, einschließlich meiner Heilpraxis, die ich am 29. April 2002 eröffnete. Mein Leben ist heute aufgrund der kontinuierlichen Führung von Erzengel Michael viel glücklicher. Es bereitet mir große Freude und schenkt mir tiefe Befriedigung, Menschen bei ihrer Heilung zu helfen, und ich kann mir nicht mehr vorstellen, irgendetwas anderes zu machen.

Indem er Annelies bei ihrer Karriere half, half Erzengel Michael in Wahrheit all den Menschen, die von ihrer Heilpraxis profitieren. Beachten Sie die Zufriedenheit, die sie zum Ausdruck bringt, da dies einer der Hauptgründe ist, warum Michael uns bei unserem beruflichen Werdegang hilft. Darüber hinaus ist ihre Freude ein Zeichen dafür, dass sie auf dem richtigen Weg ist, da unsere göttliche Lebensaufgabe immer sinnvoll und angenehm ist.

Michael hat mich gelehrt, dass jeder Mensch einzigartige Talente und Fähigkeiten hat, die zum Wohle der Welt genutzt werden können. Wenn Sie in einem Bereich tätig sind, der mit Ihren Interessen übereinstimmt, bringt Ihnen Ihre Arbeit Freude *und* Erfolg. Die alte Vorstellung, dass man leiden muss, um seinen Lebensunterhalt zu verdienen, ist puritanisch und überholt. Wir stehen am Beginn einer neuen Phase unseres kollektiven spirituellen Weges, in der jeder Mensch einen Beruf ergreift, der mit seinen natürlichen Talenten, Leidenschaften und Interessen verbunden ist. Und Erzengel Michael beaufsichtigt diese positive und gesunde Veränderung, die der ganzen Welt zum Guten gereichen wird.

Eine Angeltherapeutin namens Valerie Camozzi ist der leibhaftige Beweis dafür, dass Erzengel Michael bei einer beruflichen Neuorientierung ohne Zweifel der beste Lebens- und Berufsberater ist, den man sich wünschen kann:

> Ich habe 25 Jahre als Krankenschwester in der Intensivstation für Neugeborene und Kinder gearbeitet. Ich liebe es, mit Kleinkindern und deren Familien zu arbeiten, und bei einer Geburt dabei zu sein war für mich immer wieder ein Höhepunkt meines Berufes. Doch so viel Freude mir meine Arbeit auch machte, irgendwann befriedigte mich mein Dasein als Krankenschwester nicht mehr. Ich empfand zunehmend eine innere Leere.
>
> Mein Herz sehnte sich danach, anderen Menschen ihre intuitiven Fähigkeiten zu zeigen, durch

die sie Kontakt mit ihren Engeln aufnehmen und sie hören könnten. Eines Abends vor dem Einschlafen bat ich Erzengel Michael um Hilfe. Ich sagte ihm, dass ich es liebe, mit Familien und Babys zusammenzuarbeiten, doch dass ich im Krankenhaus nicht mehr glücklich sei.

Am nächsten Morgen fühlte ich mich, als hätte ich eine Woche lang geschlafen. Ich erinnerte mich nicht an irgendwelche Träume. Als ich aufstand, empfand ich ein tiefes Gefühl inneren Friedens, war voller Energie und glücklich. Ich ging spazieren, und als ich zurückkam, hörte ich eine Stimme in meinem Kopf, die mir sagte, ich solle mich an den Computer setzen. Das tat ich und dann schrieb ich meine Kündigung an die Krankenhausleitung und warf sie in den Briefkasten. Bis auf den heutigen Tag weiß ich nicht, was ich geschrieben habe. Die Oberschwester sagte, dass mein Brief sie tief berührt habe, und wenn sie auch traurig sei, mich gehen zu sehen, verstünde sie mich und wünsche mir alles Gute.

Ich glaube, dass Erzengel Michael mir an jenem Tag am Computer meinen Kündigungsbrief diktiert hat. Ich habe das Gefühl, dass er mir den Mut gab, einen Job aufzugeben, den ich so viele Jahre lang ausgeübt hatte. Heute gebe ich Kurse über Engel, die Entwicklung der Intuition, Meditation und Energieheilung, und zwar als Ganztagsbeschäftigung. Außerdem bin ich weiterhin privat als Geburtshelferin für Eltern tätig und freue mich jedes Mal, wenn ich miterleben darf, wie ein neuer Mensch auf die Welt kommt.

Nachwort

Gott möchte, dass wir ein friedliches, sinnvolles und glückliches Leben führen – so wie sich das alle Eltern für ihre Kinder wünschen. Die Engel, die uns auf unserem Weg führen und beschützen, sind das Geschenk unseres Schöpfers für alle Menschen. Genauso wie wir möchten, dass unsere Geschenke dem Empfänger Freude machen, möchte Gott, dass wir uns über das Geschenk der Engel freuen.

Wenn auch Sie von der Annahme ausgehen, dass Gott hundert Prozent Liebe ist, dann ist es für den Schöpfer *unmöglich*, etwas anderes als Liebe zu kennen.

Doch beim Menschen scheint der Prozentsatz dieses Gefühls im täglichen Leben niedriger zu sein. Die Engel sind die Brücke zwischen Gottes Wahrheit bedingungsloser Liebe und der menschlichen Erfahrung von Drama und Schmerz. Die Engel können sowohl die spirituelle Wahrheit als auch die Illusionen des Ego sehen, daher bringen sie das reine Licht sowie die Liebe und Weisheit des Himmels in die Welt.

Als Aufseher der Engel repräsentiert Michael auf der Erde die allumfassende Macht des Göttlichen. Er zeigt, dass mit dem nötigen spirituellen Glauben und Vertrauen alles möglich ist. Er hilft uns allen, Gottes Plan der Liebe und Göttlichkeit auf Erden zu leben.

Michael ist die Verkörperung des Mitgefühls, da er jedem von uns bei allem hilft, was wir brauchen. Er beurteilt die Menschen nicht danach, ob sie seine Hilfe »wert« sind. Er sagt einfach »Ja« zu allem, was dem Betreffenden ein Gefühl von Sicherheit und Frieden verleiht.

Michael ist Weisheit in Aktion. Seine wundersamen Lösungen, Führung, Interventionen und Heilungen sind einfach genial. Für jede Krise hält er die perfekte Lösung bereit, im Bruchteil einer Sekunde hervorgebracht. Das ist ein Grund, warum Sie sich nicht sorgen müssen, *wie* der Erzengel Ihnen helfen wird, oder ihm eine Vorlage geben müssen, nach der er sich richten möge. Bitten Sie ihn einfach um Hilfe und überlassen Sie die Lösung ganz allein ihm.

Michael ist eine ständige Erinnerung an die Präsenz Gottes auf der Erde. Manchmal fühlen Sie sich vielleicht allein oder verlassen, doch das Einzige, was Sie dann tun müssen, ist, den Namen von Erzengel Michael zu denken, und schon ist er da. Atmen Sie tief durch, fühlen Sie die Wärme seiner Gegenwart und achten Sie auf die Ideen und Visionen, die seine Führung Ihnen vermittelt.

Michael gibt Ihnen seine Unterstützung, Mut und Selbstvertrauen. Wenn Sie beabsichtigen oder dabei sind, wichtige Veränderungen in Ihrem Leben vorzunehmen, dann vergessen Sie nicht, ihn zu bitten, bei jedem Schritt an Ihrer Seite zu sein. Er wird nicht nur Ihre Absicht stärken, positive Veränderungen durchzusetzen, sondern Sie auch zu neuen Möglichkeiten führen und Ihnen helfen, vergangene Erfahrungen zu heilen.

Wenn Sie wollen, können Sie Erzengel Michael bitten, ständig bei Ihnen zu sein. Er ist völlig ungebunden, unbegrenzt und allgegenwärtig, und kann so jederzeit bei jedem Menschen sein, der um seine Gegenwart bittet.

Darüber hinaus können Sie ihn auch bitten, in Ihren Träumen zu erscheinen, da Ihr Geist im Schlaf ruhiger und offener für die Engel ist als im emsigen Tagesgeschehen. Bevor

Sie einschlafen, bitten Sie Michael um jedwede Führung oder Heilung, die Sie sich wünschen. Wenn Sie am Morgen aufwachen, werden Sie vielleicht keine Erinnerung an die Geschehnisse der Nacht haben, doch Sie werden wissen, dass sich etwas zum Besseren gewandelt hat.

Unabhängig davon, ob Sie es vorziehen, Gott zu bitten, Michael zu Ihnen zu schicken, oder ob Sie sich direkt an den Erzengel wenden: Machen Sie sich bewusst, dass die Bitte um seine Hilfe ein Schritt auf dem Weg ist, Frieden auf die Erde zu bringen, einer Person nach der anderen ... angefangen mit *Ihnen*.

Vergessen Sie nicht, dass Gott und Erzengel Michael Sie bedingungslos lieben. Sie sehen Ihre göttliche Herrlichkeit, Ihre Talente, Ihre Güte und Ihr strahlendes Licht. Für sie sind Sie ein Erdenengel, und sie sind glücklich, Ihnen helfen zu können, Ihre himmlische Mission zu erfüllen. Genießen Sie den Prozess! Ihre Freude erhellt sowohl Ihr eigenes Herz als auch die Herzen aller, mit denen Sie in Berührung kommen!

In Liebe,
Doreen

Doreen Virtue

ist Psychologin und Familientherapeutin. Sie stammt aus einer hellseherisch begabten Familie und nutzte schon als Kind ihren »sechsten Sinn« zur Kommunikation mit ihren »unsichtbaren Freunden«. In der von ihr entwickelten Engeltherapie verbindet sie ihre Kompetenz als Psychologin mit ihren spirituellen Fähigkeiten. Doreen Virtue lebt in Kalifornien und gibt weltweit regelmäßig Workshops, in denen sie ihre Engeltherapie unterrichtet. Weitere Informationen erhalten Sie unter www.angeltherapy.com.

Von Doreen Virtue sind bei Allegria die folgenden Bücher, CDs, Kartendecks und DVDs erschienen:

Medizin der Engel
Erzengel und wie man sie ruft
Botschaft der Engel
Der Tempel der Engel
Engel-Notruf (Buch mit CD)
Feen-Notruf (Buch mit CD)
Chakra Clearing (Buch mit CD)
Engel-Hilfe für jeden Tag
Das Heilgeheimnis der Engel
Die Heilkraft der Engel
Die Zahlen der Engel
Die Heilkraft der Feen

Engel Gespräche
Neue Engel-Gespräche
Die neuen Engel der Erde
Dein Leben im Licht
Zeit-Therapie
Kristall-Therapie
Der Hunger nach Liebe

Medizin der Engel (CD)
Die Engel von Atlantis (CD)
Die Engel der Liebe (CD)
Heilkraft der Engel (CD)
Himmlische Helfer (CD)
Heilgeheimnis der Engel (CD)
Die Botschaft der Erzengel (CD)
Engel der Erde (CD)

Das Engel-Orakel für jeden Tag (Kartendeck)
Das Erzengel-Orakel (Kartendeck)
Das Heil-Orakel der Engel (Kartendeck)
Das Orakel der himmlischen Helfer (Kartendeck)
Das Einhorn-Orakel (Kartendeck)
Das Heil-Orakel der Feen (Kartendeck)
Das magische Orakel der Feen (Kartendeck)

DOREEN VIRTUE

Dr. Doreen Virtue hatte schon als Kind den sechsten Sinn und kommunizierte mit »unsichtbaren Freunden«. In der von ihr entwickelten Engeltherapie verbindet sie ihre Kompetenz als Psychologin mit ihren spirituellen Fähigkeiten.

Das Heilgeheimnis der Engel
Himmlische Botschaften
für Krankheit und Not
320 Seiten
€ [D] 8,95/€ [A] 9,20/sFr 16,50
ISBN 3-548-74102-9

Engel-Gespräche
Wahre Begegnungen
256 Seiten
€ [D] 7,95/€ [A] 8,20/sFr 14,80
ISBN 3-548-74130-4

Die Heilkraft der Engel
224 Seiten
€ [D] 7,95/€ [A] 8,20/sFr 14,80
ISBN 3-548-74128-2

Die Heilkraft der Feen
256 Seiten
€ [D] 7,95/€ [A] 8,20/sFr 14,80
ISBN 3-548-74129-0

ULLSTEIN TASCHENBUCH